La carta turistica KOMPASS 1:50 rappresenta una significativa porzic nenti apparati vallivi (Valle d'Ossola ne degli estesi bacini subalpini (lag gono le cittadine ossolane di Domc apprezzata stazione di cura e soggic me agli altri incantevoli villaggi della Valle Vigezzo (vedi anche carta turistica KOMPASS n. 09 «Domodóssola») Sul bacino verbano prospettano alcuni centri di rinomata e consolidata fama turistica, ricorderemo Verbania, Stresa, Arona e, sulla sponda lombarda del lago Maggiore, Angera (vedi anche carta turistica KOMPASS n. 90 «Lago Maggiore-Lago di Varese»). Notevoli, per chiare valenze di stampo turistico, i centri che si affacciano sul lago d'Orta, Orta S. Giulio ed Omegna su tutti. Significativi centri valsesiani in cartina Varallo, Quarona e Borgosesia hanno i loro motivi di interesse così come Borgomanero, situato al margine inferiore della cartina. Sotto il profilo politico ed amministrativo il territorio cartografato è spartito tra le Regioni Piemonte e Lombardia (anche se di quest'ultima Regione è visibile un estratto molto parziale - quadrato di riferimento D 7/8) e precisamente tra le Province di Vercelli, Novara, del Verbano-Cùsio-Ossola (con sede a Verbania) e di Varese. Tra le vie di comunicazione spicca la statale n. 33 del Sempione che collega Milano e Briga, nella svizzera Valle del Rodano, attraverso il solco ossolano (n. 9 in territorio elvetico). Nella porzione settentrionale della cartografia si distingue la statale n. 337 di Valle Vigezzo che, oltre il centro di S. Maria Maggiore, stabilisce il collegamento con le Centovalli svizzere. All'altezza di Gravellona Toce si diparte la statale n. 34 Verbana occidentale che, costeggiando la sponda occidentale del lago Maggiore, conduce a Locarno in Svizzera (n. 13 in territorio elvetico). All'altezza di Piedimulera ha inizio la statale n. 549 di Valle Anzasca che, attraverso l'omonima valle, conduce a Macugnaga, ai piedi del massiccio del Rosa (vedi anche carta turistica KOMPASS n. 88 «Monte Rosa»). Da Gravellona Toce ha inizio la statale N. 229 che conduce a Novara, percorrendo la sponda orientale del lago d'Orta e toccando gli abitati di Gozzano e Borgomanero. Da Arona, sulla sponda occidentale del lago Maggiore, si diparte la statale n. 142 in direzione di Biella. Infine, nel settore sud-occidentale della cartina, si distingue la statale n. 299 di Valsesia che da Novara conduce ad Alagna Valsesia attraverso Borgosesia, Quarona e Varallo.

Idrografia

Il territorio rappresentato in cartina denota poliedrici aspetti nella struttura morfologica che esprime, a sua volta, un'idrografia di superficie completa nei suoi aspetti strutturali ad eccezion fatta per i ghiacciai presenti esclusivamente in alta Valle d'Ossola e nelle sue convalli (vedi carta turistica KOMPASS n. 89 «Domodóssola»). Sulla presente cartografia troviamo, accanto a fiumi veri e propri, torrenti e ruscelli di montagna, laghi di varia dimensione. Principale fiume in cartina è senz'altro il Toce del quale seguiamo il corso da Domodóssola sino al suo sbocco, presso Fondotoce, nel lago Maggiore. Esso ha origine nell'alta Val Formazza e riceve, lungo il suo corso, il tributo di numerosi affluenti (vedi anche carta turistica KOMPASS n. 89 «Domodóssola»). Tra i suoi affluenti si distinguono, alla destra idrografica, dall'alto verso il basso, il torrente Bognanco proveniente dall'omonima valle. Procedendo verso sud incontriamo il torrente Ovesca, che origina nell'alta Valle d'Antrona dal torrente Loranco e dalle acque provenienti da alcuni bacini artificiali. All'altezza di Piedimulera sfocia nel Toce il torrente Anza proveniente dalla Valle Anzasca. Più a valle ricorderemo il rio Marmazza, il rio Arsa, il rio di Anzola e, all'altezza di Gravellona Toce, il fiume Strona che a sua volta raccoglie le acque dell'omonimo torrente proveniente dalla Valstrona e dal lago d'Orta, del quale costituisce il naturale emissario. Alla sinistra idrografica ricorderemo, dall'alto verso il basso, il torrente Melezzo occidentale proveniente dalla Valle Vigezzo. Nel settore orientale della cartina riscontriamo il torrente San Bernardino che si getta nel lago Maggiore, all'altezza di Verbania, dopo aver attraversato la Val Grande. Ultimo, ma per questo non meno importante, il fiume Sesia scorre attraverso quella porzione della media-bassa Valsesia raffigurata sulla presente cartografia. Nella prima parte del suo corso presenta marcate caratterizzazioni torrentizie. Origina nell'alta Valsesia, a monte dell'abitato di Alagna, ove raccoglie i tributi di numerose ramificazioni laterali provenienti, per lo più, da consistenti apparati glaciali situati alla testata della Val Grande. Vedi anche carta turistica KOMPASS n. 88 «Monte Rosa». Procedendo verso valle riceve le acque di numerosi affluenti laterali; dalla destra orografica della Valsesia affluiscono i torrenti Olen, Otro, Vogna, Artogna, Sorba, ed altri corsi di secondaria importanza. Alla sinistra orografica l'unico affluente di un certo peso è rappresentato dal torrente Sermenza che si getta nel Sesia all'altezza di Balmuccia, unitamente al torrente Mastallone che confluisce nel Sesia all'altezza di Varallo.

Il lago d'Orta

A torto considerato tra i laghi «minori» nell'ampio ventaglio dei bacini subalpini, il lago d'Orta si qualifica per notevoli valenze di carattere ambientale e paesaggistico. È compreso tra la Valsesia ad ovest ed il lago Maggiore ad est. Già denominato Cusius nell'antichità, raggiunge una profondità massima di 143 m. Tra le sue emergenze turistiche più significative si quantificano il promontorio del Sacro Monte e la prospiciente isola di S. Giulio.

Il lago di Mergozzo

Il piccolo lago si trova tra il fiume Toce ed il torrente S. Bernardino, a poca distanza dal lago Maggiore. Sulla sponda occidentale è situato il borgo omonimo. Nei territori circostanti è stata rinvenuta, sul volgere del XIX secolo, una necropoli che suffraga la vetustà delle prime sedi umane nel luogo.

Il lago Maggiore

Secondo per dimensioni solo al Garda, il lago Maggiore o Verbano costituisce una meta turistica di prima grandezza assieme al non lontano lago di Como ed al già citato Garda. Tipico esempio di bacino subalpino, deve le sue origini alla morfogenesi glaciale che in epoche remote interessò i territori posti allo sbocco dell'odierna Val Leventina. Già denominato Verbanus Lacus dai Romani, i territori circostanti conobbero un rapido popolamento in una zona di notevole importanza sotto il profilo degli scambi tra le genti padane e le popolazioni d'oltrealpe. Il lago Maggiore raggiunge una profondità massima di 372 m; suo immissario principale ed anche emissario è il fiume Ticino. Per i vantaggi del mite microclima lacustre le località rivierasche costituiscono apprezzate località di soggiorno; per gli stessi motivi la flora del circondario denota caratteristiche di tipico stampo mediterraneo. Le acque del lago, in virtù di favorevoli condizioni ambientali, sono popolate da una ricca e diversificata ittiofauna. Nel golfo Borromeo, nella parte piemontese del lago Maggiore (visibili sulla presente cartografia), si distinguono le isole Borromee, immerse in un contesto paesaggistico di notevole livello e che sono annoverate tra le più note dell'intero bacino lacustre.

Morfologia e struttura geologica

Le caratteristiche morfologiche ed orografiche del territorio rappresentato in cartina rivelano aspetti di palese impronta prealpina. Questo settore delle prealpi piemontesi, compreso tra le Alpi Pennine e le Lepontine, si evidenzia per la presenza di marcati solchi vallivi che separano tra di loro i vari complessi prealpini. Così, nella parte superiore, la Valle d'Ossola si incunea tra i rilievi che culminano nel Monte Zeda, 2156 m, e nella Cima della Laurasca, 2195 m (nel quadrilatero montuoso delimitato dalle Valli Vigezzo e Cannobina, dalla sponda occidentale verbana e dall'Ossola inferiore) e le montagne culminanti nella Cima Capezzone, 2421 m, e M. Massone, 2161 m, (propaggine orientale del massiccio del Rosa compreso tra l'Ossola stessa, la Valle Anzasca, la Valstrona e la Valsesia).

La Val d'Ossola propriamente detta costituisce la porzione superiore di un'entità geografica a sé stante all'interno della Regione Piemonte. Subregione naturale, l'Ossola si estende nell'alto novarese essendo compresa, grosso modo, tra il massiccio del M. Rosa ed il lago Maggiore. Il bacino idrografico principale insiste sul fiume Toce, la cui valle costituisce il nucleo centrale di quella ramificazione valliva, la cui singolare morfologia è stata paragonata ad una foglia di platano. I limiti geografici del toponimo di Val d'Ossola si spingono fino a Crevoladóssola alla cui altezza si dipartono la Val Divedro e la Valle Antigorio. Sulla porzione della Val d'Ossola raffigurata sulla presente cartografia si trovano alcuni dei centri maggiori e più significativi quali Domodóssola e Villadóssola. La Val d'Ossola rappresenta la punta più settentrionale della Provincia di Verbania. Le convalli ossolane hanno da sempre beneficiato di un particolare rapporto con i paesi d'oltrape, grazie al Passo del Sempione prima ed all'omonimo traforo ferroviario poi. Territorio prodigo di bellezze naturali, ambientali e paesaggistiche ha da sempre attratto i suoi visitatori che ne hanno sempre apprezzato l'individualità etnica e sociale. Meta turistica per ogni stagione dell'anno, è in grado di soddisfare le esigenze più disparate, offrendo singolari opportunità agli appassionati della montagna, agli alpinisti, agli escursionisti, ai patiti degli sport invernali e dello sci alpinismo nonché ai semplici villeggianti desiderosi di pace e riposo. All'altezza di Villadóssola si diparte la Valle di Antrona; è attraversata dal torrente Ovesca e conta diversi bacini artificiali. Seppure priva di località di grande richiamo turistico, offre pur tuttavia notevoli opportunità agli escursionisti. All'altezza di Domodóssola, alla destra idrografica del Toce, affluisce la verde valle di Bognanco. È percorsa dal torrente Bogna ed è piuttosto nota per lo stabilimento termale le cui acque sono molto apprezzate. All'opposto versante orografico ossolano affluisce la Valle di Vigezzo. Centro di cura, soggiorno e turismo, è frequentata anche d'inverno per la pratica dello sport nelle discipline alpine e nordiche. Le luci e i colori dei suoi paesaggi sono da sempre motivo di ispirazione a pittori e poeti. Per la fioritura nell'Ottocento di numerosi artisti è chiamata «La Valle dei Pittori». Le origini storiche sono incerte sebbene notevole è la presenza di desinenze etrusche come «ogno» «esco». Nel corso dei secoli e sotto le varie dominazioni si ebbero sempre particolari privilegi grazie alla lealtà delle popolazioni. Per le sue bellezze naturali, la comodità nelle comunicazioni, il patrimonio artistico, la flora, la fauna, la presenza di minerali rari e le genuine ricette gastronomiche è sempre stata ricercata da turisti e villeggianti. È percorsa dal torrente Melezzo occidentale e si spinge sino al confine con la Svizzera; la sua naturale continuazione in territorio elvetico è denominata Centovalli e stabilisce il collegamento diretto tra la regione ossolana e l'alto bacino verbano in territorio svizzero. Tra le località più significative della Valle Vigezzo si distingue Santa Maria Maggiore, apprezzata stazione di soggiorno, porta d'accesso al comprensorio sciistico della Piana di Vigezzo. La Valle Anzasca costituisce un altro imponente aspetto della morfologia loca-

Confini Amministrativi 1 : 500 000

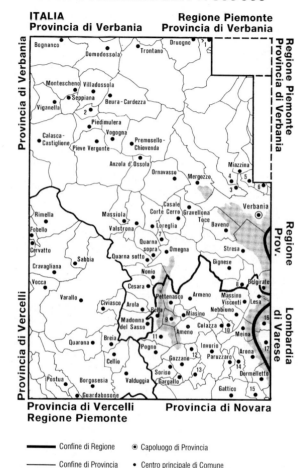

Provincia di Verbania

Regione Piemonte
Provincia di Verbania

Regione Prov.

Lombardia di Varese

Provincia di Vercelli

Provincia di Vercelli
Regione Piemonte

Provincia di Novara

―――――― Confine di Regione   ⊙ Capoluogo di Provincia

―――――― Confine di Provincia   ● Centro principale di Comune

―――――― Confine di Comune

Isole amministrative e relativi Comuni di appartenenza:

Provincia di Verbania
1 = Santa Maria Maggiore; 2 = Pallanzeno; 3 = San Bernardino Verbano; 4 = Cossogno;
5 = Cambiasca; 6 = Vignone; 7 = Germagno; 8 = Brovello-Carpugnino

Provincia di Novara
9 = Orta San Giulio; 10 = Pisano; 11 = San Maurizio d'Opaglio; 12 = Bolzano Novarese;
13 = Briga Novarese; 14 = Oleggio Castello; 15 = Comignano

Provincia di Varese
16 = Ranco; 17 = Angera

le; è attraversata dal torrente Anza e si sviluppa dal versante orientale del Monte Rosa fino alla congiunzione con la Val d'Ossola, all'altezza di Piedimulera. Il torrente Anza scaturisce nell'alta valle delle acque di fusione dei numerosi ghiacciai che contornano l'imponente testata. Quest'ultima è contraddistinta da alcune tra le più elevate vette del gruppo; su tutte svetta la Punta Dufour, 4634 m, la seconda cima d'Europa, dopo quella del Monte Bianco. L'insediamento nel fondovalle, percorso dalla SS 549, si articola in una serie di centri sparsi; tra tutti spicca Macugnaga, fino a qualche decennio fa importante centro minerario, oggi apprezzata stazione di soggiorno nel comprensorio del Rosa e moderno centro di sport invernali. La Valsesia propriamente detta si sviluppa dai contrafforti sud-orientali del Monte Rosa, giungendo, con un percorso sinuoso, alla fascia del pedemonte in vista dell'alta planura padana. Nella sua parte medio alta è denominata Valgrande; la sua ampia testata è dominata da una delle più alte vette del Monte Rosa, presenta ampie superfici glaciali intercalate da profondi solchi rocciosi ed accumuli detritici. Il Sesia scaturisce dalle acque di fusione dell'omonimo ghiacciaio e da una serie di ramificazione laterali provenienti dagli altri ghiacciai che contornano l'alta valle. Nel fondovalle scorre la strada statale, ai lati della quale si concentrano i maggiori agglomerati urbani, tra i quali si distingue Alagna Valsesia per l'ottima struttura ricettiva e per le sue infrastrutture al servizio degli sport invernali. La Valsesia presenta una successione di valli laterali; tra le più importanti ricorderemo la Valle d'Olen e la Val d'Otro, la Val Vogna e la Valle Artogna, nonché la Valle Sermenza che si immette, alla sinistra orografica, nei pressi di Balmuccia (vedi anche carta turistica KOMPASS n. 88 «Monte Rosa»). All'altezza di Omegna si diparte la Valstrona che si incunea tra la Valle d'Ossola e la Valsesia. È percorsa dal torrente Strona ed è piuttosto nota per il lavoro di artigiani ebanisti e per le numerose cave di marmo e cristallino pregiato. Tra i rilievi che le fanno da corona, oltre ai già menzionati Monte Massone e Cima Capezzone, citeremo la Punta dell'Usciolo, 2187 m, il M. Capio, 2172 m, ed il Cengio dell'Omo, 2134 m. Nel settore nord-orientale della cartina si evidenzia la Val Grande; percorsa dal torrente S. Bernardino è sovrastata da vette di un certo rilievo (Punta Proman, 2098 m, Cima Corte Lorenzo, 1574 m, Cima Sasso, 1916 m, Pizzo Pernice, 1506 m, Pian Cavallone, 1564 m, Pizzo Marona, 2051 m, oltre ai già citati M. Zeda e Cima della Laurasca). Tra le altre cime di un certo rilievo in cartina ricorderemo il Bec d'Ovaga, 1630 m, ed il M. Barone, 2044 m, (destra orografica della Valsesia). Di notevole interesse, per emergenti valenze di stampo paesaggistico e panoramico, il complesso di rilievi che, tra il lago d'Orta ed il lago Maggiore, culminano nel Mottarone, 1491 m. Ampia e complessa, la differenziazione dei costituenti litologici, è la risultanza di grandiosi fenomeni riconducibili all'orogenesi alpina e verificatisi nelle più diverse ere geologiche. Il settore orientale delle Alpi Pennine in genere presenta le tre principali categorie di rocce; dalle magmatiche alle sedimentarie, alle metamorfiche. Tra i principali costituenti litologici del M. Rosa troviamo gneiss, micascisti e calcescisti, rocce serpentine ed anfiboliti; il calcare metamorfosato si distingue in Valsesia assieme a micascisti e gneiss. Tra le curiosità sono da annoverare le miniere d'oro della Valsesia dove un tempo si estraeva, anche se in trascurabile quantità, il prezioso minerale dalle viscere del Monte Rosa. In passato si tentò, senza molto successo, lo sfruttamento di altri minerali quali l'arseniopirite, la pirite argentifera e la galena. Diffuse, soprattutto in Valsesia, le miniere di marmo (celebre, tra gli altri, il verde di Varallo). L'orogenesi alpina, in questo settore compreso tra le Alpi Pennine e le Lepontine, denota componenti intimamente connessi alla morfogenesi glaciale (ampia ed estesa fu l'azione modellatrice del ghiacciaio del Toce che, in età glaciale, ricoprì totalmente vaste porzioni della catena alpina principale comprese tra le valli Dévero, Antigorio e Formazza, giungendo fino in Val d'Ossola) e a grandiosi eventi di tipo metamorfico. Sotto il profilo geologico e più propriamente analizzando la distribuzione litologica, riscontriamo ortogneiss nella zona del M. Leone; gneiss ed anfiboliti sono diffusi nella zona della Punta dell'Arbola e del M. Dasodino, nella zona della Punta del Sabbione-Blinnenhorn-Punta Valrossa riscontriamo quarziti e calcescisti. Nella zona del Corno di Ban-Punta del Costone-Punta del Sabbione affiorano formazioni del Trias di chiaro stampo dolomitico. Vedi anche carta turistica KOMPASS n. 89 «Domodóssola».

Storia

Le vicende storiche del territorio rappresentato in cartina sono riconducibili a quelle della Val d'Ossola e del suo centro più rappresentativo: Domodóssola. Le prime sedi umane nella piana del Toce, là ove l'angusto solco vallivo si allarga, alla confluenza di un articolato sistema di valli, sono databili al periodo preromano. I Leponzi furono i primi abitatori di quella che i Romani, a partire dal 12 a.C., denomineranno Oscela Lepontiorum e che diverrà il nucleo più consistente di quella provincia ossolana fondata da Augusto. Al venir meno dell'impero romano (476) l'Ossola subì, in rapida successione, l'avvento delle orde barbare di Unni, Goti e Longobardi. Questi ultimi edificarono a Domodóssola (già Domus Oxulae) una munita fortezza nella quale, dopo l'avvento dei Franchi, il rappresentante del vescovo conte di Novara eserciterà il potere. Un'antica tradizione ascrive a Berengario I la concessione del diritto di mercanzia a Domodóssola (917). Agli inizi del XIV sec. la cittadina venne difesa da una cinta murata, ulteriormente potenziata sul volgere del XV sec. da Ludovico il Moro. Al tempo delle signorie Domodóssola fu infeudata dapprima ai Visconti e successivamente agli Sforza, con la parentesi del dominio svizzero instauratovi dai Vallesi. La pace di Cateau-Cambrésis (1559) consegnava il territorio agli Spagnoli che eserciteranno il dominio sui luoghi per circa due secoli. Al momento della spartizione dei possedimenti spagnoli l'Ossola venne assegnata a Carlo VI d'Asburgo, quindi a Maria Teresa. Verso la metà del XVIII sec. la cittadina di Domodóssola era assegnata, in conseguenza del trattato di Aquisgrana, ai Savoia. Questi ultimi contrasteranno aspramente i primi moti repubblicani che, sul finire del secolo, si diffusero in tutta la regione. Al tempo della rivoluzione francese la Val d'Ossola fu parte integrante della Repubblica Cisalpina prima e del Regno d'Italia poi. In età napoleonica venne realizzata la costruzione della strada del Sempione (1801 - 1805). Al volgere dell'ascesa del Bonaparte, l'Ossola, stabilmente inquadrata nell'assetto dello Stato sabaudo, ne condividerà le vicissitudini sino all'Unità d'Italia. Nel 1906 veniva portata a compimento la realizzazione del traforo ferroviario del Sempione, che segnerà una svolta fondamentale nell'economia della Val d'Ossola. Sul finire del secondo conflitto mondiale Domodóssola divenne, anche se per breve periodo (settembre-ottobre 1944), la sede della democratica ed autogestita Repubblica dell'Ossola, che condusse un'accanita anche se impari lotta contro le preponderanti forze di occupazione nazifascista e dando un notevole contributo alla causa della Liberazione nazionale.

Della Valsesia sappiamo per certo che venne abitata da popolazioni appartenenti al ceppo ligure, prima di cadere (34 a.C.) sotto il dominio romano. Successivamente (età longobarda) fu dapprima parte integrante del Ducato di Isola S. Giulio per poi passare sotto la Marca di Ivrea ed altre signorie locali. Nel XIII secolo vennero organizzandosi forme di autonomia con propri statuti allorché sorse una «Università di Comuni» con sede a Varallo. Anche questo piccolo organismo dipese però, sotto il profilo dell'assetto feudale, dall'impero in prima analisi, per poi dipendere in seguito da Milanesi e Spagnoli, prima della definitiva assegnazione ai Savoia (XVIII sec.).

I territori attorno al lago d'Orta erano già densamente popolati in età romana allorché il lago venne denominato Cusius lacus. Attorno al IV sec. la dottrina cristiana venne divulgata agli indigeni dai Santi Giulio e Giuliano; è di quell'epoca la denominazione di lago di S. Giulio. Successivo dominio longobardo, il territorio conobbe alterne vicissitudini storiche con l'avvento dei Franchi. Attorno al Mille si assisté all'infeudamento dei luoghi da parte del vescovado novarese al quale seguì l'egemonia del libero Comune di Novara. Verso la fine del secondo decennio del XIII sec. i territori tornarono sotto le insegne del primate di Novara. Successivi contrasti tra le fazioni di parte Guelfa e Ghibellina (1300 circa) opposero tra di loro alcune famiglie del luogo. Successivamente la zona del lago d'Orta seguì i destini di Milano, prima di confluire sotto all'amministrazione del Regno Sardo (sec. XVIII).

Le vicende storiche dei territori del lago Maggiore, si perdono nei tempi più remoti. Le prime sedi umane in loco sembrano datare alla preistoria (età del ferro). Successivamente vi si stanziarono i Galli ai quali subentrarono (II sec.) i Romani. Questi ultimi inserirono la regione del Verbanus lacus all'interno dell'amministrazione augustea, fortificando i capisaldi militari di Angera e Locarno. Al venir meno della presenza romana il territorio conobbe il succedersi dei barbari cui fecero seguito Longobardi e Franchi. Al tempo delle signorie si assisté ad alterne vicende che portarono in auge ora una, ora un'altra famiglia. Su tutte si impose il casato milanese dei Visconti (seconda metà del XIII sec.) cui fecero seguito i Borromeo che istituirono un ampio feudo, la cui ampiezza e importanza andrà oltre la dominazione degli Spagnoli. Questi ultimi lasceranno il campo libero agli Asburgo, mentre successive spartizioni territoriali, sancite da trattati ufficiali, completeranno il quadro del bacino verbano, ripartito tra Regno di Sardegna, Svizzera ed Austria. In seguito i territori delle sponde piemontese e lombarda seguiranno le vicissitudini del Regno d'Italia sino alla costituzione dell'Unità nazionale.

Come comportarsi durante le escursioni

L'escursionismo in un ambiente naturale quasi incontaminato rappresenta per l'uomo un'esperienza particolare. Se l'escursionista vorrà trovare riposo e soddisfazione è bene che segua alcuni consigli. Le persone inesperte dovrebbero effettuare esclusivamente escursioni facili che, in normali condizioni atmosferiche, possono essere condotte senza l'aiuto di una guida. Escursioni in alta montagna richiedono notevole esperienza oppure la presenza di una guida alpina. L'equipaggiamento di base di ogni escursionista dovrebbe essere costituito da: scarponi alti con suola di gomma intagliata, vestiario appropriato, zaino, protezione contro la pioggia, farmacia tascabile, protezione solare (crema) e carta turistica dei sentieri e rifugi. Una lampada tascabile, la bussola e l'altimetro forniscono un'ulteriore sicurezza. Sarà utile, prima di intraprendere un'escursione, informarsi sullo stato del percorso, sulla lunghezza del medesimo e sul grado di difficoltà, senza tralasciare un accurato esame delle condizioni fisiche di ognuno. Inoltre bisognerà considerare attentamente le condizioni atmosferiche ed ambientali chiedendo consiglio anche alla gente del luogo.

Parco Nazionale Val Grande

Il Parco Nazionale della Val Grande è l'area selvaggia più vasta d'Italia.

A proteggere l'integrità ambientale della Val Grande sono da sempre le montagne aspre e rocciose che la circondano. Nel 1967 l'area del massiccio roccioso del Pedum viene destinata a Riserva naturale integrale, la prima delle Alpi italiane. La spinta decisiva alla creazione del Parco Nazionale arriva nella seconda metà degli anni Ottanta, grazie all'intervento degli Enti locali e all'interessamento della Regione Piemonte e dello stesso Ministero dell'Ambiente, fino all'istituzione ufficiale nel 1992. La Val Grande non cela solo aspetti misteriosi e selvaggi, ma anche frammenti della civiltà alpina, che testimoniano il passato, quando le due principali attività erano quelle dell'alpeggio e del disboscamento. Un altro motivo d'interesse è dato dalla «Linea Cadorna», fortificazioni militari realizzate durante la prima guerra mondiale nel timore di un attacco austro-tedesco attraverso la Svizzera. Il rastrellamento del giugno 1944 fu, per molti alpeggi, una delle cause dell'abbandono definitivo. E per la Val Grande il ritorno alla «wilderness» con la natura tornata padrona della valle.

Centri Visita del Parco Nazionale Val Grande

- Centro Visita di Intragna
- Centro Visita di Premosello Chiovenda
- Centro Informazioni di Malesco
- Centro Visita di Buttogno
- Centro Informazioni di Cicogna

Aperti nel periodo estivo (per informazioni o in caso di chiusura rivolgersi in normale orario di ufficio alla sede operativa dell'Ente Parco a Verbania- Pallanza (trasloco previsto a Vogogna), tel. 0323 557 960).

Centro di educazione ambientale e **Museo dell'Acqua** «Aquamondo» a Cossogno
Museo dell Parco a Malesco

I Sentieri Natura del Parco:

1. **«All'ombra degli abeti»** - Cappella Porta - Pian Cavallone (Caprezzo) (tema: il bosco di conifere).

2. **«L'uomo-albero»** - Ompio - Monte Faiè (S. Bernardino Verbano) (tema: la faggeta).

3. **«La civiltà della fatica»** - Cicogna - Alpe Prà e Leciuri (Cossogno) (tema: il rapporto uomo-ambiente).

4. **«Una storia d'acqua»** - Cicogna - Pogallo (Cossogno) (tema: l'acqua e il disboscamento).

5. **«Vivere in salita»** - Premosello Chiovenda - Colloro - (Premosello Ch.) (tema: la civiltà contadina).

6. **«Il respiro della storia»** - Vogogna - La Rocca di Genestredo - (Vogogna) (tema: il medioevo e la storia di Vogogna).

7. **«Storie di pietra»** - Beura - Bisoggio - (Beura Cardezza) (tema: l'uso della pietra).

8. **«Lungo il filo di una traccia»** - Trontano - Faievo (Trontano) (tema: le tracce degli animali).

9. **«Incontro al parco sui sentieri antichi ... con occhi nuovi»** - (S. Maria Maggiore - Valle del Basso - Bocchetta di Vald) (tema: flora, fauna e geologia).

10. **«Sentieri dell'uomo nella natura della bassa Val Grande»** - Cossogno.

Parco Naturale Alta Valsesia

Il Parco ha un'estensione di 6.511 ettari, compresi i 900 ed 4.559 metri s.l.m., ed è pertanto il Parco più alto d'Europa. Il suo territorio riguarda le porzioni superiori delle testate del fiume Sesia e del torrente Sermenza. I suoi confini occidentali e nord occidentali corrono sullo spartiacque che separa la Valsesia da quella di Gressoney, dal territorio elvetico e della Valle Anzasca. Ad occidente il confine coincide con la cresta alpina del massiccio del Monte Rosa, toccando i 4.559 metri della Punta Gnifetti. La vegetazione del Parco presenta una discreta ricchezza di entità floristiche e di raggruppamenti vegetali. A questo proposito si segnala la presenza di due endemismi, e di alcune forme di vegetazione specializzata, legata a peculiari condizioni ambientali ed ecologiche caratterizzanti i popolamenti delle sorgenti e dei ruscelli. Nei pressi di Rima, si può ammirare un bell'esemplare di larice secolare. La fauna è riccamente rappresentata dagli ungulati tipici delle zone alpine, quali camoscio, stambecco, capriolo. Vi sono inoltre discrete presenze dei mammiferi alpini che hanno nella marmotta il più appariscente degli esemplari. L'avifauna piuttosto ricca è rappresentata tra l'altro da buone presenze di aquila reale.

Parco Naturale del Monte Fenera

Il Parco prende il nome dal monte che si erge, possente e solitario, sopra i rilievi della Bassa Valsesia e che, per il suo profilo, è riconoscibile dalla pianura novarese e vercellese: il Fenera. La sua importanza è da ricondurre al ritrovamento di resti di fauna preistorica, tra cui l'orso delle caverne, e alla presenza di specie botaniche esclusive del Monte Fenera, come la daphne alpina, relitto glaciale. Inoltre nel 1994 si è registrata la prima nidificazione di cicogna nera in Italia e dal 1996 il Parco è centro di raccolta dei dati relativi a questo uccello forestale. All'interno del Parco è possibile individuare due tipi di formazioni arboree: una caratterizzata dalla presenza di piante imponenti e senescenti, l'altra con prevalenza di piante di modesto diametro. Nella prima, con ex castagneti da frutto, si trova una fauna tipica indicatrice della vetustà del bosco: tra gli uccelli il picchio rosso minore, il picchio muratore e rampichino; tra i mammiferi la martora ed il ghiro. Nella seconda troviamo specie diverse quali lo scricciolo, la capinera ed il topuragno, frequentatori abituali di formazioni arbustive. Fra i vari ambienti si evidenziano habitat particolari come quelli rupicoli delle pareti calcaree dove vivono animali, soprattutto uccelli, che raramente si trovano altrove in Valsesia, come il falco pellegrino, la rondine montana ed il picchio muraiolo. In autunno, il territorio del Parco è interessato da due cospicue direttrici di migrazione seguite da migliaia di uccelli che, in direzione NE-SO si spostano verso le aree di svernamento del Mediterraneo.

Parco Naturale Lagoni di Mercurago

L'ambiente fisico è rappresentato da una torbiera in zona collinare morenica con stagni e paludi di origine glaciale, alcuni in via di progressivo interramento. Interessante la flora acquatica e palustre, con rilevanze botaniche e testimonianze archeologiche. Tre quarti della superficie è occupata dal bosco. Da registrare la presenza invasiva di pino strobo, pino rigido e robinia, oltre che di una pineta artificiale di circa trenta ettari. Il sottobosco è occupato da vegetazione acidofila (prevalenza di nocciolo e sambuco).
La fauna è rappresentata da chirotteri, insettivori, piccoli roditori. Esistono inoltre un centinaio di specie di uccelli tra nidificanti, svernanti e di passo.

Riserva naturale speciale Canneti di Dormelletto

L'area rappresenta uno degli ultimi esempi nel novarese, con quelli della Piana di Fondo Toce, di zona di transizione tra terra ed acqua a prevalente vegetazione spontanea, costituita da canneti. L'importanza dell'intervento è da ascriversi alla fondamentale funzione ecologica svolta dall'ambiente "canneto" in quanto a regimazione delle acque, depurazione e assorbimento equilibrato delle sostanze, anche nocive, introdotte nel corpo dell'acqua.

Riserva naturale speciale Fondo Toce

L'elevato valore naturalistico è dovuto al carattere quasi relittuale di questo habitat, nonché alla frequentazione di una ricca avifauna stanziale e migratoria. Contraddistinta dalla presenza di circa trenta ettari di palude a canneto, la riserva comprende anche, sulle zone di confine, strette fasce di vegetazione ripariale a salice arricchita da una notevole varietà floristica. Tra i punti di interesse, si sottolinea l'importanza internazionale di quest'area come punto di sosta durante la migrazione di numerose specie ornitologiche.

Riserva del Sacro Monte Calvario di Domodóssola

La Riserva, istituita nel 1991 sulle pendici dell'antico colle di Mattarella, ribattezzato Monte Calvario in seguito alla costruzione nel XVI secolo di un santuario dedicato al SS. Crocefisso, racchiude atmosfere e suggestioni ancora oggi palpabili che fanno di questo luogo un'interessante meta turistica. Il percorso devozionale è caratterizzato da una prima parte pianeggiante, dalla quale si possono osservare le rovine dell'antico convento dei Cappuccini, abbandonato alla metà del XIX secolo. Risalendo la strada lastricata, si percorre un tratto in salita all'interno del bosco composto da castagni, tigli e frassini, che ricoprono circa il 50% dell'area protetta. La sommità del monte, invece, è caratterizzata da una vegetazione mista costituita, oltre che da farnie e roveri, da numerose specie esotiche introdotte nel XIX secolo.

Riserva naturale speciale del Sacro Monte di Varallo

Situato tra il verde dei boschi sulla sommità di uno sperone roccioso a picco su Varallo, il più antico sacro monte piemontese è costituito da 50 cappelle, in parte isolate e in parte inserite in complessi monumentali, popolate da più di 800 statue in legno e terracotta policroma a dimensione naturale che raccontano la vita, la passione e la morte di Cristo. Da questo terrazzo naturale si domina tutta la bassa Valsesia fino al monte Fenera e, verso nord-ovest, spicca sullo sfondo il massiccio del Monte Rosa. Malgrado il territorio della riserva sia stato profondamente modificato dall'uomo, in seguito ad anni di graduale abbandono, si è andata ricostituendo lentamente la copertura forestale ed arricchendosi la componente floricola. All'interno del recinto sacro l'ambiente naturale, fortemente antropizzato, ha assunto l'aspetto di un giardino rinascimentale: da segnalare un boschetto di faggio a canna d'organo oltre ad alcuni individui secolari di diverse specie quali bosso, tasso, ilex e olmo campestre.

Riserva naturale speciale Sacro Monte di Orta

Situato tra il verde dei boschi sulla sommità di un colle che domina il lago d'Orta, il Sacro Monte conta 21 cappelle edificate tra la fine del sedicesimo e la fine del diciottesimo secolo con affreschi e sculture in terracotta sulla vita di San Francesco. Se le opere pittoriche e plastiche costituiscono un vero patrimonio d'arte e furono realizzate da valenti artisti dell'epoca (i Fiamminghini, Cristoforo Prestinari, Dionigi Bussola e il Morazzone), altrettanto interessanti sono gli aspetti naturali. Il promontorio su cui sorge il Sacro Monte d'Orta è costituito da rocce che sono state modellate dai ghiacciai quaternari. La flora è caratterizzata da specie sempreverdi e da alcune essenze tipicamente montane quali il mirtillo nero. Fra le specie arboree meritano un cenno particolare il pino silvestre, il tasso, il faggio, l'agrifoglio, oltre ad un bel viale di carpini secolari affacciato sul lago.

Riserva naturale speciale Monte Mesma

Alla sommità del monte, con una splendida vista sul Lago d'Orta, sorge un complesso monumentale costituito da un convento, edificato nel 1600 sui resti di un castello trecentesco, e da alcune cappelle ubicate lungo un percorso processionale. La zona presenta inoltre notevole interesse archeologico con reperti di origine celtica e materiale dell'epoca gallica e romano-imperiale. Le pendici del monte sono ricche di vegetazione ed in particolare di boschi di castagno e di quercia. Particolarmente interessante la presenza, grazie all'influenza climatica del vicino lago, di molte specie sempreverdi quali agrifoglio, bosso, lauroceraso, tasso.

Riserva naturale speciale Colle della Torre di Buccione

Sita nelle vicinanze del Monte Mesma e prospiciente il Lago d'Orta, il Colle della Torre di Buccione rappresenta un aspetto paesaggistico del lago particolarmente significativo anche dal punto di vista boschivo, ed ha alla sommità una torre fortificata, di notevole pregio storico-architettonico, ultimo baluardo di un castello citato su documenti del 1200. Sulla torre di Buccione era posta la campana per la segnalazione di pericolo: l'ultimo esemplare, del 1600, è oggi custodito nel giardino del municipio di Orta.

Elenco dei Rifugi Alpini

Non ci assumiamo responsabilità alcuna per le indicazioni fornite. Prima di iniziare le escursioni informarsi a valle sul periodo di apertura dei rifugi e sulla disponibilità o meno di alloggiamento. Per gli accessi, le traversate più impegnative e le ascensioni consigliamo di consultare una guida specifica.

Alpe Lago, Bivacco, 1545 m (A 4), proprietà del C.A.I. di Macugnaga, riparo presso l'omonima Alpe, ai declivi settentrionali del M. Ronda. Accesso: sentiero da Antrogna sulla statale della Valle Anzasca. Si risale il sentiero in Val Segnara e si segue la G.T.A., ore 4 circa. Traversate: alla Punta Camino, 2148 m, sentiero in ore 2 circa. Al Passo del Riale, 2027 m, per A. Laghetti, ore 2 circa.

Alpe Lusentino, Rifugio, 1050 m (B 1), locale privato presso l'omonima alpe, alle falde nord-orientali del Moncucco, sulle alture che circondano Domodóssola. Accesso: in auto o con sentiero da Vagna (fin lì in auto), ore 2 circa. Da lì a Moncucco, 1896 m, seguendo il sentiero, ore 1 circa (complessivamente ore 3 circa). A Villadóssola, si segue il sentiero per Casaravera, Colle dei Raffi, Tappia, Valpiana, ore 5 circa.

Baita Omegna, Rifugio, 1350 m (C 6) locale privato in località Mottarone. Per gli accessi vedi sotto il Rif. Gran Baita che dista dal Rif. Baita Omegna un quarto d'ora di cammino.

C.A.I. Intra, Bivacco, 1530 m (D 3) locale privato in località Pian Cavallone. Sentiero dalla Cappella Fina a monte di Miazzina, ore 1.45 circa. Sentiero da Cicogna (Val Grande) per Varola e Curgei, ore 4 circa. Passeggiata al Rif. Pian Cavallone, 15 min. Traversate: al Pizzo Marona, 2051 m, sentiero oltre il Colle della Forcola, 1518 m, ore 2 circa. Più oltre al M. Zeda, 2156 m, 45 min. circa.

Corpo Forestale, Bivacco d., 944 m (C 2), riparo in Val Gabbio, alle falde sud-orientali del P. Mottàc. Accessi: Sentiero da Le Fornaci, 1344 m (fin lì in auto da Malesco) si passa per Cortenuovo, La Balma, A. Portaiola, ore 4 circa.

Fantoli Antonio, Rifugio, 1000 m (C 4), proprietà del C.A.I. di Pallanza, alla destra orografica della Val Grande. Accesso: in auto da S. Bernardo Verbano. Escursione alla Cima Corte Lorenzo, 1574 m, sentiero in ore 1.15 circa.

Gran Baita, Rifugio, 1420 m (C 6), locale privato in località Mottarone. Accesso: anche in auto da Stesa e da Armeno. Sentiero da Stresa per Carciano, i Monti, ore 4 circa. Sentiero per Brughiere, si passa per il Rif. Baita Omegna, ore 4.15 circa.

Gravellona Toce, Rifugio, 1535 m (C 4), proprietà del C.A.I. di Gravellona Toce, locale presso la località Cortevecchio. Accessi: sentiero da Gravellona Toce per Pedemonte, A. Cottini, Olmaine, A. Braitavon, Laisci, ore 7 circa. Sentiero da Ornavasso per Madonna del Boden, A. Frasmatta, Scirombey, Corte di Mezzo, ore 4 circa. Sentiero da Valstrona per Inuggio, A. Fieno Secco, A. Nuova, la Bocchetta, 1904 m, ore 4/5 circa. Sentiero da Anzola d'Ossola per Pianezzo Grande, A. Drosone, Cima delle Tre Croci, 1872 m, ore 6 circa. Traversate: al Monte Massone, 2161 m, sentiero per la Bocchetta, 1904 m, ore 2.30 circa. Alla Cima delle Tre Croci, 1872 m, ore 1 circa.

Monte Barone, Rifugio, 1610 m (A 9) proprietà del C.A.I. di Vallesessera, locale alle pendici meridionali dell'omonimo monte. Accessi: sentiero dalla località A. le Piane per A. Ranzola, A. Ponasca, ore 3 circa. Sentiero da Roncole per A. Fondello, A. Buggie, Bocchetta di Ponasca, ore 5 circa. Escursione al M. Barone, 2044 m, ore 1 circa.

Pian Cavallone, Rifugio, 1528 m (D 3), proprietà del C.A.I. Sezione «Verbano», in località Pian Cavallone. Accessi: sentiero da Cicogna (Val Grande), ore 4 circa. Sentiero da Intragna in ore 3 circa (vedi anche carta turistica KOMPASS n. 90 «Lago Maggiore-Lago di Varese»). Traversate: al Pizzo Marona, 2051 m, sentiero per il Colle della Forcola, 1518 m, ore 1.30 circa. Più avanti al Monte Zeda, 2156 m, ore 3.30 circa.

Rondolini, Rifugio, 1250 m (A2-3), proprietà del C.A.I. di Villadóssola, locale nei pressi della cappella di S. Giacomo sulle alture a monte di Pallanzeno. Accessi: sentiero da Pallanzeno per A. Oraccio, A. Piana, ore 4 circa. Sentiero da Villadóssola per A. Corticcio, A. Baldana, ore 3.30 circa. Sentiero da Seppiana (Valle d'Antrona), ore 3 circa.

Spanna Osella, Rifugio, 1620 m (A 8), locale privato presso il Bec d'Ovaga. Accesso: sentiero da A. Narpone (fin lì in auto da Crevola Sesia) si passa per Sella di Taglione, A. Fajel, A. la Res, ore 2.45 circa.

Traglio Adele, Rifugio, 2100 m (A 5), locale privato nei paraggi del lago di Capezzone. Accessi: sentiero da Rimella per Sella, A. Wan, Bocchetta di Campello, 1924 m, A. Capezzone, ore 4 circa. Da Campello Monti, alla testata della Valstrona, sentiero per A. Piana di Via e A. Capezzone, ore 2.30 circa. Escursione alla cima Altemberg, 2394 m, sentiero in ore 1 circa.

ANGERA

Comune (D 8), Prov. di Varese, abitanti: 5.456, altezza s.l.m.: 205 m, CAP: 21021. **Informazioni:** Municipio di Angera. **Stazione ferroviaria:** Taino-Angera (km 2). **Autobus:** Autolinee Varesine. Battello ed aliscafo.

Si tratta di una graziosa cittadina importante già in epoca preistorica. Numerosi sono i resti di palazzi, stabilimenti termali, templi e necropoli sparsi attorno alla leggiadra cittadina. È il maggior centro dell'età romana di tutta la sponda lombarda («magra») del lago Maggiore. Già Vico Sebuino dei Romani, la località ebbe importanza in età medievale allorché fu sede di un ampio pievanato. Successivo dominio visconteo (1400 circa), passò, sul finire del XV sec. ai Borromeo. Piacevole cittadina lacuale, è dominata dalla struttura della rocca; bella vista sulla prospiciente Arona posta sulla sponda piemontese del Verbano. Ad Angera prosperano le attività connesse alla lavorazione della maglia.

Curiosità del luogo e dintorni

Rocca di Angera: superba costruzione a nord della cittadina lacustre. È stata costruita dai Torriani nel XIV secolo su una preesistente fortezza dei Longobardi. Verso la fine del XIV secolo passò ai Visconti, che fecero erigere la **Torre Castellana**, dalla cui sommità si gode un panorama di rara suggestione, e il palazzo che racchiude la «Sala della Giustizia», mirabilmente affrescata. Dal 1449 la Rocca divenne proprietà dei Borromeo, che l'ampliarono trasformandola in dimora. Dal 1988 vi ha sede il **«Museo della Bambola italiano»**. Vi sono esposte oltre mille bambole e oggetti aventi in comune il tema del gioco e dell'infanzia. Nelle adiacenze della Rocca si apre una **caverna preistorica** dedicata poi dai Romani al culto del dio Mitra. **Museo Civico di Taino**, ove sono in esposizione reperti fossili, lamellibranchi, ecc. **Ranco:** sito a 3 km a nord al di sopra di una punta con enorme bellezza paesaggistica; assai frequentato per villeggiatura. **Museo Europeo dei Trasporti «Ogliari»**.

Passeggiate ed escursioni

A Ranco, 214 m, sentieri per la chiesetta di S. Quirico, ore 1 circa. Alla Rocca di Angera, passeggiata in 20 min. Vedi anche carta turistica KOMPASS n. 90 «Lago Maggiore-Lago di Varese».

ARMENO

Comune (C 7), Prov. di Novara, abitanti: 2.082, altezza s.l.m.: 523 m, CAP: 28011. **Informazioni:** Municipio di Armeno. **Stazione ferroviaria:** Orta-Miasino (km 4).

Amena località di villeggiatura, ideale per altezza e clima, Armeno si estende su estesi prativi contornati da boschi, alle falde meridionali del Mottarone, in buona posizione panoramica sul sottostante lago d'Orta. I dintorni offrono fertile terreno alla pratica dell'escursionismo.

Curiosità del luogo e dintorni

Il **santuario della Madonna di Luciago** sulla strada per il Mottarone. Pregevole affresco cinquecentesco sopra l'altare. La **parrocchiale** è intitolata all'Assunta e denota caratteristiche improntate al romanico (1100 circa). Restaurata negli anni Sessanta, raccoglie all'interno interessanti affreschi.

Passeggiate ed escursioni

A Miasino, 479 m, 30 min. A Pettenasco, 299 m, sulle rive del lago d'Orta, sentiero in 45 min. A Coiromonte, 810 m, passando per la cappella di S. Giuseppe, ore 1 circa. Al M. del Falò, 1080 m, si percorre in parte l'itinerario precedente, ore 1.30 circa. Alla Madonna di Luciago, 900 m, in parte su sentiero, ore 1.30 circa. Al Mottarone, 1491 m, in auto. La stessa meta è raggiungibile con un sentiero da A. Valpiana, A. della Volpe, ore 3 circa.

ARONA

Comune (D 8), Prov. di Novara, abitanti: 16.380, altezza s.l.m.: 212 m, CAP: 28041. **Informazioni:** Municipio di Arona. **Stazione ferroviaria:** Arona. Linee autobus per Stresa, Varese, ecc. Aliscafo, battello.

È un centro famoso ubicato nella parte meridionale del lago Maggiore, proprio di fronte alla rocca di Angera. Si presenta all'attento visitatore con stupendi viali alberati, grandi alberghi, ville, giardini e palazzi. È stazione climatica e nodo di comunicazioni stradali e ferroviarie. Già località natale di S. Carlo Borromeo, presenta un passato storico piuttosto controverso allorché fu dominio di svariati potentati soprattutto in età moderna. Presumibilmente antica stazione romana, venne citata ufficialmente in documenti del 900.

Curiosità del luogo

Statua (Colosso) del San Carlone: visitabile all'interno: alta ben 23 m; piedistallo misurante 12 m; terminata nel 1697; in lamiera di rame con parti di bronzo. **Chiesa di S. Carlo:** sul piazzale del colosso del S. Carlone, con dipinti di grandi autori come il Procaccini. La **chiesa collegiata di S. Maria**, le sue origini risalgono al 1400; terminata in epoca posteriore, venne ristrutturata nel XIX sec., l'interno ospita interessanti dipinti e sculture. La **chiesa dei S.S. Martiri** di impianto romanico e facciata barocca, con dipinti del Bergognone e Palma il Giovane.

Passeggiate

Passeggiata al colosso di S. Carlone (bella vista sul lago Maggiore e la prospiciente Angera), 30 min. circa. A Dagnente, 376 m (apprezzata località di soggiorno) si percorre l'itinerario precedente raggiungendo la meta in ore 1 circa.

BAVENO

Comune (D 5), Prov. di Verbania, abitanti: 4.587, altezza s.l.m.: 205 m, CAP: 28831. **Informazioni:** Ufficio Turismo del Comune di Baveno. **Stazione ferroviaria:** Baveno. Linee autocorriere, servizio navigazione.

Stazione climatica signorile e tranquilla sita sulla sponda più ad occidente del lago Maggiore, nel bellissimo e frequentatissimo golfo Borromeo nel centro-lago. Bella vista sulle Isole Borromee e sul promontorio della Castagnola nei pressi di Pallanza. Le origini del luogo si perdono nella notte dei tempi; la prima menzione ufficiale è contenuta in atti del 1000, in epoca successiva (1400 circa) Baveno venne infeudato ai Borromeo dopo essere stata lungamente appannaggio visconteo.

Curiosità del luogo

Battistero: nella Piazza della Chiesa. È rinascimentale con pianta ottagonale e con affreschi (dei secoli XV e XVI) nel portico e nella cupola. **Parrocchiale**, dedicata ai Santi Gervasio e Protasio, con il campanile e la facciata dell'XI secolo.

Passeggiate ed escursioni

Al Mottarone, 1491 m, in funivia da Stresa o per sentiero dalla località «Tranquilla», scavalcando l'autostrada si raggiunge il Monte Camoscio dove si trova il rifugio Papà Amilcare. Si prosegue per il Monte Crocino, l'Alpe Vedabbia e il Monte Zughero fino alla meta, ore 4.30 circa. Alle isole del golfo Borromeo (in battello o in barca).

BÉURA-CARDEZZA

Comune (B 2), Prov. di Verbania, abitanti: 1.335, altezza s.l.m.: 225/2087 m, CAP: 28851, **Informazioni:** Municipio di Béura-Cardezza. **Stazione ferroviaria:** Béura-Cardezza (km 2).

I nuclei del Comune di Béura-Cardezza sono situati, alla sinistra idrografica del Toce, pochi chilometri a valle di Domodóssola. La località, situata in un contesto ambientale caratterizzato dalla presenza di numerose cave di gneiss bianco e grigio, racchiude significative testimonianze di carattere storico.

Curiosità del luogo

La **chiesa parrocchiale** di Béura, è intitolata a S. Giorgio (1200 circa) e presenta un interessante campanile romanico. L'edificio, già rimaneggiato in passato, venne restaurato nella prima metà del XIX secolo. L'interno si qualifica per la presenza di interessanti affreschi (XIV sec.). Il **torrione medievale**, sulla strada per Cardezza. Il **castello dei Visconti** (prima metà del XIV sec.).

Passeggiate ed escursioni

Il Sentiero Natura «Storie di pietra». All'Alpe Corte Vecchia, 1657 m, sentiero da Béura per A. Fiesco, Selvaccia, ore 5 circa. Da lì alla Testa di Menta, 2204 m, si raggiunge l'A. Menta donde si seguono le tracce per il Passo della Rolà, 2020 m, ore 2 circa. Da Cuzzego all'Alpe Coriesco, 1124 m, sentiero per Pernetti e A. Orzolo, ore 3 circa.

BORGOMANERO

Comune (CD 9), Prov. di Novara, abitanti: 18.930, altezza s.l.m.: 307 m, CAP: 28021, **Informazioni:** Pro Loco di Borgomanero. **Stazione ferroviaria:** Borgomanero.

Centro di antiche origini alla confluenza di importanti direttrici stradali, Borgomanero è situato ai lati del torrente Agogna. Importante nucleo industriale della provincia novarese (tessili, meccanica, materie plastiche) presenta aspetti di interesse turistico. La cittadina (già Borgo S. Leonardo) venne crescendo fin dall'età medievale. Feudo nel 1100, dei conti di Biandrate, finì per gravitare nell'orbita novarese. Nella località ebbe luogo (1449) un fatto d'arme legato alle contese tra Sforza e Savoia.

Curiosità del luogo

La **parrocchiale**, è intitolata a S. Bartolomeo, edificata in età romanica, venne pesantemente modificata nel periodo barocco. Notevole il **campanile** di chiara impronta gotica. L'interno accoglie interessanti testimonianze artistiche. La centrale **piazza Martiri della Libertà** e la **statua dell'Immacolata** (XVIII sec.). **Palazzo Tonielli**. L'oratorio di S.

Giovanni. Il secentesco **oratorio di S. Giuseppe**. La **chiesa romanica di S. Leonardo** (1100).

BORGOSESIA

Comune (B 9), Prov. di Vercelli, abitanti: 16.220 altezza s.l.m.: 354 m, CAP: 13011. **Informazioni:** Pro Loco Città di Borgosesia. **Stazione ferroviaria:** Borgosesia.

Centro industriale della Valsesia, Borgosesia è annoverato tra i maggiori centri della medesima in quanto a consistenza demografica. La cittadina si estende prevalentemente alla sinistra idrografica del Sesia sui pendii sovrastati dalla sagoma del M. Barone che si staglia a occidente. Le prime sedi umane in loco sembrano datare al paleolitico; successivo nucleo romano, venne fortificato in funzione antinovarese dai conti di Biandrate e da Vercelli. Successivi privilegi di carattere fiscale mutarono il toponimo romano di Seso in Borgo Franco donde ebbe origine l'attuale denominazione. Già possesso di Visconti, Sforza e Spagnoli, finì per gravitare nel raggio di azione savoiardo.

Curiosità del luogo e dintorni

La **chiesa parrocchiale dei S.S. Pietro e Paolo**, barocco edificio ristrutturato nei sec. XVIII e XIX. Rimarchevoli opere d'arte all'interno. Il **santuario di S. Anna** eretto nel 1631, sulle rovine di un vecchio castello dei Signori di Biandrate, come ex voto della popolazione scampata alla terribile moria della peste. Situato in posizione privilegiata sul Monte Orione, è raggiungibile attraverso un breve percorso, in parte acciottolato, lungo il quale sono collocate le 13 cappelle della Via Crucis. **Il Museo etnografico e del Folclore valsesiano** con numerosissimi pezzi originali, ricostruzione di ambienti e documenti, che fanno rivivere in ogni loro aspetto la cultura, le tradizioni e i costumi della Valsesia.

Passeggiate ed escursioni

Al posto di ristoro Gilodi, sentiero da Agnona per Pian del Vecchio, Mirabello, A. Maddalene, S. Bernardo, A. Figarolo, ore 3 circa. Alla Cima Croce, 581 m, sentiero da Aranco in 45 min. circa. A Quarona, sentiero per Maionetta, Rozzo, Bastia, Lovario, ore 1.45 circa. A Postua, sentiero da Agnona per Pian del Vecchio, S. Rocco, ore 1.30 circa.

CESARA

Comune (C 7), Prov. di Verbania, abitanti: 574, altezza s.l.m.: 499 m, CAP: 28891. **Informazioni:** Municipio di Cesara. **Stazione ferroviaria:** Omegna (km 7).

Graziosa località di soggiorno collinare sui rilievi che circondano ad occidente il bacino del Cùsio, Cesara si estende ai piedi del M. Mazzone. Cesara, indicata per rilassanti periodi di riposo, offre spunti ai camminatori che qui possono esercitare la disciplina preferita in un tranquillo paesaggio che va dalla collina alla media montagna.

Curiosità del luogo e dintorni

La **chiesa parrocchiale**, è dedicata a S. Clemente ed è un edificio romanico più volte ristrutturato in epoche successive. L'interno conserva pregevoli affreschi quattrocenteschi. **L'oratorio di S. Lorenzo.**

Passeggiate ed escursioni

A Nonio, lungo il sentiero, ore 1 circa. Ad Arola, sentiero per Serra, 811 m, fin lì ore 1 (complessivamente ore 2.30 circa). Escursione circolare per Serra, A. Grotaccio, A.

Previano, A. Berro, A. della Sella, si rientra in ore 5 circa. Al Massucco, 1181 m, sentiero per Serra, A. Grotaccio, A. Previano, A. del Rosso, ore 4 circa.

CRAVAGLIANA

Comune (A 6), Prov. di Vercelli, abitanti: 450, altezza s.l.m.: 615 m, CAP: 13020. **Informazioni:** Municipio di Cravagliana. **Stazione ferroviaria:** Varallo (km 9).

La località, annoverata tra le più antiche della Val Mastallone, sorge lungo la strada di fondovalle, alla sinistra idrografica del torrente Mastallone. La valle si qualifica per bellezze di carattere ambientale e paesaggistico (notevole l'orrido della Gula).

Curiosità del luogo e dintorni

La **chiesa parrocchiale** racchiude pregevoli affreschi e dipinti. L'**oratorio di S. Rocco**. L'**orrido della Gula** con il ponte in pietra verosimilmente di origini longobarde.

Passeggiata

Al Santuario del Tizzone, sentiero per Cà Giulia e Colla, ore 2 circa.

DOMODÓSSOLA

Comune (B 1), Prov. di Verbania, abitanti: 18.677, altezza s.l.m.: 272 m, CAP: 28845. **Informazioni:** Associazione Pro Loco, Domodóssola. **Stazione ferroviaria:** Domodóssola. **Impianti di risalita:** seggiovia, skilift (Alpe Lusentino).

Piccola capitale della subregione ossolana e principale polo d'attrazione della Provincia del Verbano-Cùsio-Ossola, Domodóssola sorge nella piana del Toce al punto di confluenza di numerose e importanti convalli laterali. L'orizzonte è delimitato dallo scenografico scenario delle Alpi confinali, sulle quali spicca e si distingue la possente sagoma della Weissmies, uno dei numerosi 4000 di questo settore alpino. Cittadina di notevole importanza sotto il profilo dei commerci e del terziario in genere, Domodóssola deve gran parte della sua rilevanza alla felice posizione geografica, che la situa lungo importanti direttrici dei traffici stradali e ferroviari verso la Svizzera e i paesi dell'Europa centrale in genere. Già centro principale dei Leponzi in età preromana, venne successivamente inserita nella provincia romana dell'Ossola quale Oscela Lepontiorum. In età posteriore il toponimo variò in Domus Oxulae e fu soggetto, in epoche successive, ai Longobardi, al vescovado novarese, ai Visconti, ai Vallesani per finire infine sotto gli Sforza e gli Spagnoli prima di essere inquadrata stabilmente nei possedimenti savoiardi (prima metà del XVIII sec.). Durante la Resistenza Domodóssola, come tutta la regione ossolana, partecipò attivamente alla liberazione dal giogo nazista allorché fu sede, anche se per un breve periodo, della Repubblica della Val d'Ossola. La cittadina ossolana presenta, nel centro storico, temi di piacevole e pregevole interesse urbanistico ed architettonico. I dintorni presentano spunti di notevole valenza paesaggistica in un sano ambiente di montagna e consentono, a escursionisti e camminatori, la pratica delle discipline preferite. Presso l'Alpe Lusentino, sui rilievi sud-occidentali, è in funzione un discreto e ben attrezzato centro per l'esercizio delle discipline delle neve. Vedi anche sotto Bognanco e sotto i Comuni delle vicine Valli Anzasca, Formazza, Divedro, Vigezzo, Antrona e Antigorio.

Curiosità del luogo e dintorni

La tipica **Piazza del Mercato**, cuore e fulcro del centro storico, sulla quale prospettano alcuni pregevoli edifici e porticati dei secoli XV e XVI. Il **palazzo vescovile** sovrastato dalla caratteristica torre di Briona (sec. XIV). La **collegiata dei S.S. Gervasio e Protasio**, già esistente nel IX sec. venne riedificata nella seconda metà del XV sec. Il **palazzo Silva**, significativo esempio del Rinascimento subalpino, ospita il **museo storico Etnografico**. La quattrocentesca **chiesa della Madonna della Neve** con annesso campanile cinquecentesco. L'antica **chiesa dei S.S. Quirico e Giuditta** (sec. IX - X). Il **palazzo S. Francesco** sede della Fondazione Galletti (notevole biblioteca). Il **Sacro Monte Calvario** con le cappelle della **Via Crucis,** dal 1991 Riserva Naturale Speciale della Regione Piemonte.

Passeggiate ed escursioni

Al Sacro Monte Calvario, 413 m, da via Rosmini, 30 min. circa.
All'Alpe Lusentino, 1000 m circa, sentiero da Vagna (fin lì in auto), ore 2 circa. Dall'Alpe Lusentino alla vetta del Moncucco, 1896 m, esteso panorama sull'Ossola, sentiero oltre l'A. Torcello, ore 2.30 circa. A Villadóssola risalendo da Vagna all'Alpe Lusentino e passando per Casaravera, Colle dei Raffi, Campaccio, Tappia, Valpiana e Murata, ore 7/8 circa. Per altre passeggiate ed escursioni vedi anche sotto Bognanco.

DRUOGNO

Comune (C 1), Prov. di Verbania, abitanti: 971, altezza s.l.m.: 836 m, CAP: 28853. **Informazioni:** Pro Loco di Druogno. **Stazione ferroviaria:** Druogno. **Impianti di risalita:** skilift.

Pittoresco borgo alpigiano della Valle Vigezzo, Druogno si estende lungo la strada di fondovalle, alla destra idrografica del torrente Melezzo occidentale. Una curiosa tradizione locale ascrive ad antichi abitatori del luogo l'origine del toponimo. Le pestilenze che sconvolsero la valle nei sec. XVI e XVII portarono alla pressoché totale scomparsa degli abitanti che recavano quel cognome. La località, immersa nel verde di un tranquillo e riposante paesaggio, si presta ottimamente a soggiorni rilassanti, consentendo, nella stagione estiva, la pratica dell'escursionismo. D'inverno la presenza di alcune sciovie nei dintorni e la vicinanza degli impianti della Piana di Vigezzo permettono agli appassionati della neve l'esercizio delle discipline preferite.

Curiosità del luogo e dintorni

La **chiesa parrocchiale di S. Silvestro** (XVII - XVIII sec.) all'interno sono visibili alcune pitture del XVI sec. A Coimo, **chiesa parrocchiale** già esistente nel XII sec., venne riedificata nel 1600. A Sagrogno l'**oratorio di S. Rocco** conserva affreschi del XV sec.

Passeggiate ed escursioni

Vedi anche carta turistica KOMPASS n. 89 «Domodóssola».
Escursione circolare per A. Braghi, si passa attorno alla vetta del M. Mater, 2026 m, si tocca la quota 1977 e si discende per la Costa Regada, Piodabella e Albogno, complessivamente ore 7 circa. In località Campra, 1379 m, sull'opposto versante orografico, sentiero per Rodo, A. Rosso, ore 2 circa.

GOZZANO

Comune (C 8), Prov. di Novara, abitanti: 5.957, altezza s.l.m.: 367 m, CAP: 28024. **Informazioni:** Municipio di Gozzano. **Stazione ferroviaria:** Gozzano.

Gozzano è sorta in epoca pre-romana. Il nucleo antico, con le sue viuzze strette e tortuose si raccoglie ai piedi del poggio del «Castello», fortificazione e luogo di avvistamento in tempi antichi, cittadella religiosa negli ultimi secoli. Località dotata di una notevole infrastruttura industriale, si estende al centro dell'anfiteatro morenico del lago d'Orta.

Curiosità del luogo e dintorni

La barocca **parrocchiale di S. Giuliano** si è sviluppata su di un preesistente impianto di epoca romanica. Il **palazzo vescovile** (XIII sec.). Il cinquecentesco palazzo della comunità, detto il **Ticial** con stemmi vescovili dei secoli XVII e XVIII. L'eclettica **chiesa di S. Lorenzo** e la **chiesa di Santa Maria di Luzzara** con affreschi del XVI sec. Punto panoramico: la **cappella della Madonna della Guardia**, in frazione di Bugnate, con stupenda vista sul Lago d'Orta.

GRAVELLONA TOCE

Comune (C 5), Prov. di Verbania, abitanti: 7.801, altezza s.l.m.: 211 m, CAP: 28883. **Informazioni:** Municipio di Gravellona Toce. **Stazione ferroviaria:** Gravellona Toce.

Significativo borgo industriale della bassa Valle d'Ossola, Gravellona Toce è situata alle opposte sponde dello Strona, non lungi dalla confluenza di quest'ultimo nel Toce. Dalla località, posta a metà strada tra il lago d'Orta ed il lago Maggiore, è possibile effettuare escursioni di un certo interesse.

Curiosità del luogo

La **chiesa di S. Maurizio** (1100 circa) denota connotati romanici; venne edificata utilizzando materiali da costruzione di un preesistente edificio d'età romanica. **Museo** con i proventi degli scavi effettuati lungo l'antica strada romana per il Passo del Sempione. Il **Minimuseo archeologico «F. Pattaroni»** raccoglie una ricca documentazione grafica e fotografica dei ritrovamenti archeologici effettuati a Pedemonte di Gravellona Toce, oggetti tradizionali e reperti naturalistici.

Passeggiate ed escursioni

Al M. Zughero, 1230 m, sentiero che risale i rilievi posti a sud est dell'abitato, ore 4 circa. In località Prato delle Piode, 651 m, sentiero da Pedemonte in ore 1.15 circa. All'A. Minerola, 1404 m, sentiero per Crebbia ed Arzo, ore 4 circa. Più avanti al Poggio Croce, 1765 m, ore 5.30 complessive. Ad Ornavasso seguendo il sentiero della mezza costa per Prato delle Piode, A. Cottimi, Olmaine, A. Faramboda, ore 6 circa.

INVORIO

Comune (D8), Prov. di Novara, abitanti: 3.749, altezza s.l.m.: 320/712 m, CAP: 28045. **Informazioni:** Municipio di Invorio. **Stazione ferroviaria:** Bolzano Novarese (km 4).

Le frazioni del Comune sparso di Invorio sono situate sulle colline che dividono i bacini del lago d'Orta e del lago Maggiore. I dintorni offrono spunti per tranquille passeggiate.

Curiosità del luogo e dintorni

I **resti del castello** (sec. XII-XIV). La secentesca **chiesa parrocchiale dei S.S. Pietro e Paolo**. In località Barro, 581 m, l'**Oratorio del Monte Barro**, conosciuto anche come la **«chiesetta del Barro»**, edificato per volere dei Visconti nel 1484; ampio panorama sui tre laghi: d'Orta, Maggiore e di Varese.

Passeggiate ed escursioni

Ad Ameno, sentiero per Cà Nova e Barro, ore 1. Al M. la Guardia, 830 m, sentiero per Colazza, complessivamente ore 2 circa. Ad Arona, sulle sponde del lago Maggiore, sentiero per Molino della Valle, C. Cantarana, ore 1.30 circa.

LESA

Comune (D 7), Prov. di Novara, abitanti: 2.318, altezza s.l.m.: 198 m, CAP: 28040. **Informazioni:** Municipio di Lesa. **Stazione ferroviaria:** Lesa.

La ridente cittadina si adagia sulla riva piemontese del Verbano, alla base di rilievi collinari, non lungi dal piano formato dai depositi alluvionali del torrente Erno. Località di villeggiatura in un felice contesto ambientale, fu appannaggio del vescovado ambrosiano prima di essere infeudata a Visconti e Borromeo.

Curiosità del luogo e dintorni

I ruderi dell'antico **castello di Lesa**. La **parrocchiale** (XVIII sec.) è dedicata a S. Martino; racchiude interessanti affreschi e dipinti. Il **palazzo Stampa** dalla marcata impronta neoclassica. La **chiesa romanica di S. Sebastiano**, lungo la strada che conduce a Massimo Visconti, giunta a noi quasi intatta. **Villa Cavallini** sorta agli inizi del XX secolo sulle fondamenta di un antico maniero.

Passeggiate

Passeggiata a Solcio, si passa non distante dalle rovine del castello di Lesa, 45 min. circa. A Belgirate, 198 m, si segue l'itinerario a monte della ferrovia, 20 min. circa.

MADONNA DEL SASSO

Comune (C 7/8), Prov. di Verbania, abitanti: 450, altezza s.l.m.: 360/1185 m, CAP: 28894. **Informazioni:** Pro Loco di Boleto e di Madonna del Sasso. **Stazione ferroviaria:** Gozzano (km 11). **Navigazione:** servizio di linea sul lago d'Orta.

Le frazioni del Comune, Boleto (capoluogo), Artò e Centonara, si alternano su pianori e declivi, in amena posizione geografica ed in buona posizione panoramica sul bacino del Cùsio, mentre Piana dei Monti si trova sul versante valsesiano a 11 km dal capoluogo. Madonna del Sasso è località indicata per soggiorni estivi ed il vasto territorio offre numerosi spunti agli escursionisti per passeggiate di ogni gusto.

Curiosità del luogo e dintorni

Il **Santuario della Madonna del Sasso**, situato in splendida posizione panoramica sul lago d'Orta, è costruzione barocca del secolo XVIII, a croce greca. Il suo interno è pregevolmente affrescato e dotato di tele del Peracino di Bosco Cellio, nonché di una "Deposizione" di Fermo Stella datata 1547. Pregevole è pure un Crocifisso in legno del secolo XVII. Un'**antica macina**, costruzione del 1800, si trova nella frazione Centonara in Via Salvetti.

Passeggiate ed escursioni

Al Santuario, da Boleto 15 min. circa. A Piana dei Monti per Farauda, Alpe Cambocciolo e Cappella del Turlo, ore 1.30 (segnavia 757). Al Monte Briasco, 1185 m, per San Giulio, Alpe Lauger, Alpe Benne, Taia Quadra e Sella di Crosigia, ore 2.30. Variante al Briasco per Farauda, Piccone, Alpe Cambocciolo, Soliva e Sella del Gallo, ore 2.30. A Pella per Centonara e Ventraggia, ore 1.

MIASINO

Comune (C 7), Prov. di Novara, abitanti: 895, altezza s.l.m.: 479 m, CAP: 28010. **Informazioni:** Pro Loco di Miasino. **Stazione ferroviaria:** Orta-Miasino (km 2).

L'ameno centro collinare sorge in splendida posizione geografica ed ambientale, in vista del sottostante lago d'Orta. L'abitato domina in particolar modo il promontorio del Sacro Monte. Località di villeggiatura e di soggiorno molto apprezzata, Miasino si qualifica per emergenti pregi di carattere architettonico e edilizio. I dintorni si prestano ottimamente per compiere rilassanti passeggiate o escursioni di modesto impegno.

Curiosità del luogo e dintorni

La secentesca **parrocchiale di S. Rocco**, venne realizzata su di un preesistente edificio di culto. L'interno, dai tratti baroccheggianti, ospita opere di notevole rilievo artistico. **Ossario** del XVIII sec. **Villa Nigra** (XVI sec.). Il settecentesco **oratorio di S. Maria**. La **parrocchiale** in località Pisogno.

Passeggiate ed escursioni

A Pisogno, 497 m, 15 min. Più avanti al M. Formica, 779 m, ore 1 complessive. Al M. La Guardia, 830 m, sentiero per Scullera, ore 1.45 circa. Ad Armeno, 523 m, 30 min. circa. Ad Ameno, 517 m, 30 min. circa.

MIAZZINA

Comune (D 4), Prov. di Verbania, abitanti: 395, altezza s.l.m.: 721 m, CAP: 28817. **Informazioni:** Municipio di Miazzina. **Stazione ferroviaria:** Verbania Pallanza (km 15).

Graziosa località di soggiorno alle spalle di Verbania, Miazzina si eleva in felice posizione geografica su verdi rilievi percorsi da un notevole numero di piccoli torrenti. Da Miazzina e dal suo territorio si gode uno splendido panorama che spazia dal Verbano alle vicine catene alpine. L'abitato si caratterizza per l'originalità dell'antico nucleo storico. I dintorni consentono la pratica di sane e distensive escursioni.

Curiosità del luogo

Il **memoriale degli Alpini.**

Passeggiate ed escursioni

All'Alpe Pala (bel panorama), in 30 min. circa. Più avanti al memoriale degli Alpini, ore 1.15 circa. Al Pian Cavallone, 1564 m, si percorre in parte il tragitto precedente; oltre il memoriale degli Alpini il sentiero conduce lungo la cresta fino alla meta (nei paraggi il Rif. Pian Cavallone ed il Bivacco C.A.I. Intra, vedi ivi).

MONTESCHENO

Comune (A 2), Prov. di Verbania, abitanti: 445, altezza s.l.m.: 350/2451 m, CAP: 28843. **Informazioni:** Municipio di Montescheno. **Stazione ferroviaria:** Villadóssola (km 4).

Le frazioni del Comune sparso di Montescheno sono situate in Val d'Antrona sui rilievi alla sinistra idrografica del torrente Ovesca. La località, pur non rivestendo connotati di particolare interesse turistico, offre la possibilità per piacevoli passeggiate ed escursioni in un pregevole contesto alpino.

Passeggiate ed escursioni

Vedi anche carta turistica KOMPASS n. 89 «Domodóssola».
In località la Colma, sentiero da Daronzo per Sogno, ore 3 circa. Al Colle del Pianino, 1620 m, sentiero da Sasso per A. Groppo a Alpi Sogno, ore 3 circa. Dal Colle del Pianino esiste la possibilità di raggiungere il Comune di Bognanco (vedi ivi), il sentiero scende per A. Manzano e Pioi, donde si raggiunge S. Marco, ore 2.30 circa (complessivamente ore 6 circa). Escursione circolare da Daronzo per Sogno, La Colma, A. Boccarel-

li, Alpi Sogno, Carnona donde si raggiunge Sasso, ore 3 circa. Alla Cima Camughera, 2249 m, sentiero da Sasso per A. Groppo, A. Vanzone, Passo d'Arnigo, 1990 m, ore 4 circa. Al Moncucco, 1896 m, sentiero da Daronzo per Sogno, La Colma, A. Boccarelli, Alpi Sogno, Colle del Pianino, 1620 m, si risale alla meta, ore 6/7 complessive circa.

OMEGNA

Comune (C 6), Prov. di Verbania, abitanti: 15.500, altezza s.l.m.: 295 m, CAP: 28887. **Informazioni:** Pro Loco di Omegna. **Stazione ferroviaria:** Omegna.

La cittadina è situata in amena posizione ambientale alle sponde settentrionali del lago d'Orta e si distribuisce ai due lati del canale Nigoglia, emissario naturale del lago che dopo un breve percorso confluisce nello Strona. Omegna presenta interessanti tipologie edilizie ed urbanistiche e costituisce un notevole polo dell'industria e del terziario novarese. Già Voeménia in età romana, venne successivamente munita in età medievale, divenne libero Comune, seguendo alterne vicende al tempo delle signorie. Nella prima metà del XVIII sec. entrò a far parte del Regno di Sardegna. Durante la Resistenza fu un attivo centro contro le milizie nazifasciste.

Curiosità del luogo

La centrale **Piazza XXIV Aprile** sulla quale prospettano costruzioni realizzate in epoche diverse. L'ottocentesco **palazzo Municipale**. La **casa dei Bazzetta de Vemania**. Alcune **dimore e residenze** di varia epoca. La duecentesca **collegiata di S. Ambrogio** racchiude interessanti espressioni artistiche. Il **battistero**. La **casa Francia** in stile barocco. Il **Forum di Omegna**, gestito dalla Fondazione Museo Arti ed Industria, è un centro polivalente che si propone come polo per la ricerca e la conservazione della memoria storica industriale cusiana. La sede collocata nella ex acciaieria Cobianchi, ospita la **Collezione Museale Permanente** di carattere storico, etnografico e documentario sulla produzione dei casalinghi del Cùsio e una sala mostre che ospita prestigiose esposizioni temporanee d'arte e di design industriale.

Passeggiate ed escursioni

Al Mottarone, 1491 m (nei paraggi il Rif. Baita Omegna e Gran Baita, vedi ivi) notevole punto panoramico sui laghi della zona e sulla Valle d'Ossola inferiore, sentiero per Ronchetti, A. del Barba, l'Omo, 1239 m, ore 4 circa. All'oratorio del Fontegno, sentiero per Inselvi e Cireggio, ore 1.15 circa.

ORNAVASSO

Comune (C 4), Prov. di Verbania, abitanti: 3.309, altezza s.l.m.: 215 m, CAP: 28877. **Informazioni:** Municipio di Ornavasso. **Stazione ferroviaria:** Ornavasso.

Ornavasso è borgo di origini antichissime e si estende nel piano del Toce, alla destra idrografica del medesimo, nella bassa Valle d'Ossola. Già sede stanziale di genti galliche conobbe, in età medievale, migrazioni di popolazioni vallesane della cui remota presenza in zona fanno fede alcuni toponimi. L'esplorazione della necropoli ha fornito sostanziali materiali e documentazioni dell'età ligure-romana; testimonianze di quell'epoca sono visibili nel museo di Pallanza.

Curiosità del luogo

La **chiesa parrocchiale di S. Nicola**, cinquecentesco edificio affiancato da un notevole campanile. La **chiesa della Madonna della Guardia**, secentesco edificio il cui campanile fu già torre di avvistamento in età medievale.

Passeggiate ed escursioni

Al Rif. Gravellona Toce (vedi ivi). Al Rif. Fantoli, sentiero da Albo per Vercio e Ruspesso, ore 3 circa. Al M. Massone, 2161 m, sentiero per Madonna del Boden, Laisci, La Bocchetta, 1904 m, ore 6/7 circa. Alla Cima delle Tre Croci, 1872 m, sentiero per Madonna del Boden, A. Frasmatta, Rossonbolmo, ore 5.30 circa. Al Poggio Croce, 1765 m, sentiero per A. Faramboda, Olmaine, M. Cerano, 1242 m, ore 6 circa. Alla Cima Corte Lorenzo, 1574 m, sentiero da Albo per A. Fontana, ore 5 circa.

ORTA SAN GIULIO

Comune (C 7/8), Prov. di Novara, abitanti: 1.225, altezza s.l.m.: 294 m, CAP: 28016. **Informazioni:** Municipio di Orta San Giulio. **Stazione ferroviaria:** Orta-Miasino (km 2).

Orta San Giulio è un pittoresco e caratteristico borgo della riviera cusiana orientale ove sorge, in amena posizione ambientale, sul versante occidentale della penisola del Sacromonte, in vista dell'isola di S. Giulio. Tutta la zona si qualifica per pregi urbanistici e tipologie edilizie di notevole livello. Già sede dell'antica Comunità della Riviera di S. Giulio, è oggi un apprezzato e frequentato centro turistico e di villeggiatura.

Curiosità del luogo e dintorni

Il cinquecentesco **palazzo della Comunità**. La **chiesa di S. Bernardino** (XV sec.) venne ristrutturata nei sec. XVII e XVIII. **Palazzo Fortis-Penotti** dalle chiare forme neoclassiche. Il cinquecentesco **palazzo Gemelli**. Le **case Giani e Margaroni** (sec. XV-XVI). La **chiesa parrocchiale** è intitolata a S. Maria Assunta e venne realizzata nel XV sec.; parzialmente ristrutturata nel XVIII sec., ospita stucchi e affreschi di stampo barocco.

Il **santuario del Sacro Monte** è annoverato tra i più celebrati santuari dell'intera Provincia novarese e del Piemonte in genere. È situato in cima ai rilievi che dominano la penisola omonima ed è intitolato a S. Francesco. Il complesso consta di venti cappelle erette tra i XVI ed il XVIII sec.

L'**isola di S. Giulio**, prospiciente Orta S. Giulio, si qualifica per sostanziali valenze di carattere ambientale e paesaggistico. Notevole la romanica **basilica di S. Giulio**, dalle origini antichissime. Ricostruita e ristrutturata tra l'800 e il 1100, conobbe successivi lavori di ripristino in età posteriore. L'interno accoglie pregevoli e interessanti opere d'arte. Il **palazzo dei Vescovi** (XIV sec.). L'**ex seminario** sorto sui resti dell'antico castello.

Gita

All'isola di S. Giulio (battello).

PALLANZENO

Comune (B 2/3), Prov. di Verbania, abitanti: 1.207, altezza s.l.m.: 228 m, CAP: 28884. **Informazioni:** Municipio di Pallanzeno. **Stazione ferroviaria:** Pallanzeno.

Il piccolo centro ossolano sorge nella piana del Toce, pochi chilometri a valle di Villadóssola. Nella località ebbe i natali (1746) il naturalista Michele Silvetti traduttore di un'importante opera di storia naturale in lingua francese. Pallanzeno seguì in passato le vicende storiche della Val d'Ossola inferiore e di Vogogno che costituì la località principale del feudo. Alcune antiche dimore e residenze del centro storico denotano interessanti tipologie edilizie e vennero costruite impiegando il materiale lapideo estratto dalle vicine cave di gneiss.

Curiosità del luogo

La **chiesa parrocchiale** è intitolata a S. Pietro, il suo **campanile**, dalle eleganti fogge romaniche, costituisce l'avanzo tangibile di un antico complesso religioso successivamente definito a caratteri barocchi. Il **palazzo Silvetti** denota pregevoli connotati architettonici; notevole il cortile con gli eleganti porticati.

Passeggiate ed escursioni

Alla cappella di S. Giacomo (nei paraggi il Rif. Rondolini, vedi ivi) sentiero per Al Passet, A. Vancone, A. Baldana, ore 3.30 circa. A Villadóssola, sentiero per Al Passet, A. Corticcio, si scende alla meta, ore 3 circa.

PARUZZARO

Comune (D 8), Prov. di Novara, abitanti: 980, altezza s.l.m.: 334 m, CAP: 28040. **Informazioni:** Pro Loco di Paruzzaro. **Stazione ferroviaria:** Arona (km 5).

Centro sulla strada che collega il basso bacino del Cùsio con la sponda occidentale verbana. I dintorni, che si qualificano per la bellezza del paesaggio, offrono spunti per passeggiate in un sereno ambiente collinare.

Curiosità del luogo e dintorni

La romanica **chiesa di S. Marcello** (1000 circa). La **parrocchiale di S. Siro** presenta decorazioni barocche. Il **Parco Naturale dei Lagoni di Mercurago**.

Passeggiata

A Mercurago, attraverso il Parco Naturale, ore 1.

PELLA

Comune (C 7), Prov. di Novara, abitanti: 1.390, altezza s.l.m.: 305 m, CAP: 28010. **Informazioni:** Municipio di Pella. **Stazione ferroviaria:** Gozzano (km 9).

Amena località di villeggiatura estiva sulla costiera cusiana occidentale, Pella sorge sul delta formato dal torrente Pellino. Centro dalle origini remote, conserva aspetti di un certo interesse turistico.

Curiosità del luogo

Il cinquecentesco **ponte** in pietra. **Torrione** medievale. Antichi edifici nel centro storico.

Passeggiate ed escursioni

A Ronco inferiore, sentiero per Egro e Grassona, ore 2.30 circa. Al santuario della Madonna del Sasso, sentiero per Centonara, Artò e Boleto (in parte lungo la strada), ore 2.30 circa. Ad Arola, sentiero, ore 1 circa.

PETTENASCO

Comune (C 7), Prov. di Novara, abitanti: 1.310, altezza s.l.m.: 299 m, CAP: 28028. **Informazioni** (presso la Casa Medievale): I.A.T. Informazioni e Accoglienza Turistica - Associazione Turistica "Pettenasco Nostra" - Consorzio Cùsio Turismo - Eco Museo Lago d'Orta e Mottarone. **Stazione ferroviaria:** Pettenasco.

Centro rivierasco adagiato lungo la costiera orientale del lago d'Orta, Pettenasco è situato in vista del Sacro Monte, per chi provenga da Omegna, là ove il torrente Pescone confluisce nel bacino del Cùsio.

Curiosità ed escursione

La **chiesa parrocchiale** è intitolata a S. Caterina (XVIII sec.) e venne realizzata sulle fondamenta di una preesistente chiesa romanica. L'interno accoglie interessanti tele del XVIII sec. Pregevole **campanile** romanico. Pettenasco è la località cusiana di cui si conserva la documentazione più antica: nel palazzo del Comune (sec. XIX) sono custoditi un **documento longobardo** dell'anno 892, che ne fa menzione, insieme a reperti e monete del I e II secolo. Il **Museo dell'Arte della Tornitura del Legno** è allestito in un'antica torneria sulla roggia molinara ed è uno dei sei siti dell'Eco Museo del Lago d'Orta e Mottarone.

Passeggiate

Ad Armeno lungo il sentiero, 45 min. (da lì sono possibili altre escursioni, vedi ivi). Ad Agrano, sentiero per C. Martello, Pratolungo, Casere, ore 1.15 circa.

PIEDIMULERA

Comune (B 3), Prov. di Verbania, abitanti: 1.693, altezza s.l.m.: 247 m, CAP: 28885. **Informazioni:** Municipio di Piedimulera. **Stazione ferroviaria:** Piedimulera.

Borgo della media Valle d'Ossola, Piedimulera sorge allo sbocco della Valle Anzasca ove si distribuisce sulla riva sinistra del torrente Anza, al margine della piana del Toce. La località presenta spunti di interesse artistico mentre i dintorni si prestano ottimamente a passeggiate ed escursioni.

Curiosità del luogo

La **chiesa parrocchiale** d'impronta neoclassica (seconda metà del XVIII sec.). Alcuni interessanti edifici che prospettano sulla centrale Piazza Mercato: **casa Testoni**, 1600 circa. **Casa torre** cinquecentesca.

Passeggiate ed escursioni

Alla Testa del Frate, 1258 m, sentiero per Cimamulera, A. Ceresole, A. Propiano, ore 3.30 circa. Alla cappella di S. Giacomo, si percorre l'itinerario precedente, proseguendo oltre l'A. Piana (nei paraggi della cappella trovasi il Rif. Rondolini, vedi ivi), ore 4.30 circa. In località Viezza, 921 m, sentiero per A. la Villa, A. Pozzuolo, ore 3 circa.

POSTUA

Comune (AB 9), Prov. di Vercelli, abitanti: 565, altezza s.l.m.: 459 m, CAP: 13010. **Informazioni:** Municipio di Postua. **Stazione ferroviaria:** Borgosesia (km 10).

Il piccolo borgo sorge alla destra idrografica del torrente Strona ed è un indicato centro di soggiorno. I dintorni consentono di effettuare remunerative e panoramiche escursioni.

Curiosità del luogo e dintorni

La secentesca **parrocchiale** racchiude interessanti affreschi ed intagli in legno. Il **santuario dell'Addolorata** (XVI sec.) venne ristrutturato nel XVIII sec.

Passeggiate ed escursioni

In località Pian del Vecchio, 616 m, sentiero per S. Rocco e le Sacche, 45 min. Al ristoro Gilodi, sentiero per Morticina, Raune, A. Maddalene, S. Bernardo, A. Figarolo, ore 2.30 circa. Al M. Barone, 2044 m, sentiero per Roncole, A. Fondelli, A. Bugge, Bocchetta di Ponasco, Rif. M. Barone (vedi ivi), ore 6 complessive circa.

PREMOSELLO CHIOVENDA

Comune (B 3), Prov. di Verbania, abitanti: 2.072, altezza s.l.m.: 222 m, CAP: 28803. **Informazioni:** Municipio di Premosello Chiovenda. **Stazione ferroviaria:** Premosello Chiovenda.

Premosello Chiovenda (già Premosello) è un centro della media Valle d'Ossola ove si estende tra la piana del Toce e i declivi digradanti dalla sovrastante Punta delle Pecore. La località deve la sua denominazione all'uomo di Legge Giuseppe Chiovenda che ivi nacque nella seconda metà del XIX secolo.

Curiosità del luogo e dintorni

La **chiesa parrocchiale** fiancheggiata da un'antica torre oggi adibita a campanile. Il **ponte di Luvet.**

Passeggiate ed escursioni

Il Sentiero Natura «Vivere in salita». All'A. La Motta, 1077 m, sentiero per A. Lut, A. La Piana, ore 3 circa. Passeggiata a Colloro, 523 m, ore 1 circa.

QUARNA SOTTO

Comune (C 6) , Prov. di Verbania, abitanti: 438, altezza s.l.m.: 802 m, CAP: 28896. **Informazioni:** Municipio di Quarna Sotto. **Stazione ferroviaria:** Omegna (km 7).

Il piccolo centro si estende su un altipiano alle false sud-orientali del Monte Mazzocone. Indicata località per villeggiature e soggiorni stagionali, Quarna Sotto è piuttosto nota per la produzione artigianale di strumenti musicali. I dintorni consentono di effettuare piacevoli passeggiate ed escursioni in un tranquillo ambiente naturale.

Curiosità del luogo

Il **Museo etnografico e dello strumento musicale a fiato**, documenta la produzione di strumenti a fiato tipica del paese.

Passeggiate ed escursioni

Al M. Castellaccio, 900 m, si passa per Quarna Sopra, 45 min. circa. All'A. Berro, 1090 m, sentiero per A. Maggio, A. Ziccaro, Le Piane, ore 2 circa. All'A. Camasca, 1230 m, sentiero per Quarna Sopra, A. Barca, A. Ruschini, ore 1.30 circa. Ad Omegna, sentiero per la Madonna del Pero, Quarna Sopra, oratorio del Fontegno, Cireggio, Inselvi, ore 1.45 circa.

QUARONA

Comune (B 8), Prov. di Vercelli, abitanti: 4.250, altezza s.l.m.: 406 m, CAP: 13017. **Informazioni:** Municipio di Quarona. **Stazione ferroviaria:** Quarona.

Borgo d'origini antichissime, il toponimo ha radici celtiche, Quarona si estende nella bassa Valsesia, alla sinistra idrografica del Sesia, poco a monte del centro di Borgosesia. Località di discreto sviluppo industriale, offre emergenze artistiche di un certo pregio.

Curiosità del luogo e dintorni

La **parrocchiale di S. Antonio** (inizi del XVII sec.). L'antica **parrocchiale di San Giovanni al Monte**, chiesa dalle remote origini, sul colle a monte dell'abitato. La piccola **chiesa della Beata al Monte. Chiesetta della Beata al Piano** (pregevoli affreschi).

Passeggiate ed escursioni

Alla chiesa di S. Grato, sentiero, ore 1.30. A S. Giovanni al Monte, 30 min. Al M. Briasco, 1185 m, sentiero per S. Grato, si prosegue per S. Bernardo, A. Milanolo, Gallarotti, Sella Crosiggia, 979 m, ore 2.30 circa.

RIMELLA

Comune (A 5), Prov. di Vercelli, abitanti: 315, altezza s.l.m.: 1176 m, CAP: 13020. **Informazioni:** Municipio di Rimella. **Stazione ferroviaria:** Varallo (km 21).

Villaggio alpino della Val Mastallone, Rimella si estende su soleggiate pendici poste alla sinistra idrografica del torrente di fondovalle. Tipologie edilizie ed architettoniche, unitamente ad elementi del folclore e dei costumi locali rivelano le antiche origini del luogo. Rimella, analogamente ad altre località della zona, venne fondata nel 1200 circa da popolazioni vallesane ivi emigrate. I dintorni offrono svariate opportunità agli appassionati della montagna.

Curiosità del luogo

La settecentesca **chiesa di S. Michele**, parrocchiale che racchiude interessanti espressioni d'arte.

Passeggiate ed escursioni

In località Campello Monti (alta Valstrona), sentiero per Sella, A. Selle, Bocchetta di Campello, 1924 m, A. del Vecchio, ore 4 circa. Alla Cima Altemberg, 2394 m, si ripercorre in parte l'itinerario precedente volgendo, dopo la Bocchetta di Campello, per l'A. Calzino, A. Capezzone, Rif. Adele Traglio (vedi ivi), ore 5 circa.

S. BERNARDINO VERBANO

Comune (D 4), Prov. di Verbania, abitanti: 1.127, altezza s.l.m.: 225/1990 m, CAP: 28804. **Informazioni:** Municipio di S. Bernardino Verbano. **Stazione ferroviaria:** Verbania (km 6).

Le frazioni del Comune sparso di S. Bernardino Verbano si estendono sulle colline del retroterra di Verbania allo sbocco della Val Grande. Il Comune fu costituito sul finire degli anni Venti dalla riunificazione dei centri di Santino, Bieno e Rovegro. Nei dintorni, punteggiati da verdi alpeggi e boschi, è possibile effettuare piacevoli camminate.

Curiosità del luogo e dintorni

Il **nucleo** di Bieno, dalle pregevoli espressioni architettoniche ed ambientali, ove si evidenziano tipologie di chiara ispirazione rustica. La cinquecentesca **chiesa parrocchiale** a Santino. L'**oratorio del Patrocinio della B.V. Maria** (XVIII sec.). La secentesca **parrocchiale** di Rovegro.

Passeggiate ed escursioni

Il Sentiero Natura «L'uomo-albero». A Verbania, passeggiata da Bieno, si tocca la chiesa di S. Antonio raggiungendo la frazione di Cavandone donde, per il Monte Rosso, 582 m, si raggiunge la meta, ore 2.30 circa. Al Monte Castello, 785 m, sentiero da Rovegro in ore 1. Al Rif. Fantoli, sentiero da Rovegro per l'Alpe Monte, si raggiunge la cappella di Erfo donde alla meta, ore 2 circa.

SEPPIANA

Comune (A 2), Prov. di Verbania, abitanti: 190, altezza s.l.m.: 557 m, CAP: 28843. **Informazioni:** Municipio di Seppiana. **Stazione ferroviaria:** Villadóssola (km 6).

Il piccolo nucleo di Seppiana è situato in Val d'Antrona ai lati della strada di fondovalle.

Passeggiate ed escursioni

Alla Cappella di S. Giacomo (nei paraggi il Rif. Rondolini, vedi ivi) sentiero per l'A. del Crotto, A. Albare, A. Baldana, ore 3 circa. A Villadossóla seguendo il sentiero della mezza costa, ore 1.30 circa.

STRESA

Comune (D 6), Prov. di Verbania, abitanti: 4.838, altezza s.l.m.: 200 m, CAP: 28838. **Informazioni:** Municipio di Stresa. **Stazione ferroviaria:** Stresa. Linee autocorriere. Linee di Navigazione Lago Maggiore. **Impianti di risalita:** funivia Stresa-Alpino-Mottarone.

È una lussureggiante cittadina sede di congressi anche internazionali. Possiede grandi hotel, ville superbe, giardini da favola. È località di soggiorno assai conosciuta e frequentata soprattutto dai turisti esteri. Essa offre attrazioni sportive e mondane che le danno la fama che si merita.

Curiosità del luogo e dintorni

Isole Borromee: in battello all'Isola Bella (la più celebre con il **palazzo Borromeo** ed il giardino ricco di cedri, aranci, magnolie, camelie ecc.). All'**Isola dei Pescatori** (villaggio dalle anguste vie). All'**Isola Madre** (stupendo parco ricco di piante esotiche). **Lungolago**, fiancheggiato da alberghi e ville. Si tratta di una stupenda passeggiata sia per l'incomparabile vista che per la varia vegetazione di impronta mediterranea. **Piazza Marconi:** qui vi è l'imbarcadero e la neoclassica **parrocchiale** della fine del secolo decimottavo. **Villa Ducale**, della fine del 1700; qui morì il filosofo Antonio Rosmini; **villa Pallavicino**, cinquecento metri distante da Stresa sulla famosa S.S. del Sempione, n. 33. Qui si trova un bellissimo parco con giardino zoologico. Ad Alpino, 800 m, l'**orto botanico «Giardino Alpinia».** Il **Mottarone**, 1491 m, raggiungibile sia con la strada che con la funivia. Si pratica lo sci nel periodo dicembre-marzo; stupendo panorama sulle Alpi, Prealpi, laghi e pianure dell'Italia settentrionale. **Baveno**, tranquillo e rinomato centro di soggiorno e turismo primaverile, con grandiosi alberghi e ville fra cui, maestosa, la **villa Branca**. Il luogo è rinomato per le famose cave di granito, visibili come squarci sopra il paese stesso. **Belgirate**, paese lacustre, e la **chiesa romanica**, a dieci minuti di cammino dal centro della località. A **Gignese** il **Museo dell'ombrello e del parasole** raccoglie oltre mille pezzi tra ombrelli, parasoli e impugnature ed illustra l'evoluzione delle mode che hanno influenzato, dall'Ottocento ai giorni nostri, lo stile di questi accessori.

TRONTANO

Comune (B 1), Prov. di Verbania, abitanti: 1.704, altezza s.l.m.: 520 m, CAP: 28859. **Informazioni:** Municipio di Trontano. **Stazione ferroviaria:** Trontano.

La località è situata allo sbocco della Valle Vigezzo, sui rilievi in vista della piana del Toce. I dintorni sono caratterizzati dalla coltura della vite che dà un vino di pregevole fattura («Prunent»); molto apprezzate le specialità della gastronomia locale (salumi e formaggi tipici) costituiscono spunti di richiamo per gite e scampagnate domenicali. Trontano offre infine agli escursionisti la possibilità di praticare le discipline preferite con suggestivi scorci paesaggistici sulla Val d'Ossola.

Curiosità del luogo

La **chiesa della Natività di Maria Vergine**, ristrutturata nel XVI sec., è caratterizzata dalla pregevole facciata romanica. All'interno sono visibili avanzi di affreschi romanici. L'annesso **oratorio di S. Marta** accoglie pregevoli affreschi del Borgnis. La **casa-forte** costituisce l'avanzo di un antico, preesistente maniero.

Passeggiate ed escursioni

Vedi anche carta turistica KOMPASS n. 89 «Domodóssola».

Il Sentiero Natura «Lungo il filo di una traccia». Alla Testa di Menta, 2204 m, sentiero per A. Gambacorta. A. di Nava, A. Rina, Passo della Rolà, 2020 m, donde si risale alla meta, ore 6/7 circa. Al M. Togano, 2301 m, sentiero per Parpinasca, A. Campo, Sassoledo, A. Roi, A. Miucca, si risale per A. Fornale, Passo Biordo, 2061 m, ore 7 circa.

VALDUGGIA

Comune (B 9), Prov. di Vercelli, abitanti: 2.730, altezza s.l.m.: 390 m, CAP: 13018. **Informazioni:** Municipio di Valduggia. **Stazione ferroviaria:** Borgosesia (km 4).

Importante centro della Valsesia inferiore, della quale fu in passato il centro principale, Valduggia si adagia in una fertile conca attraversata dalle acque di numerosi torrenti dei quali il rio Stronello ed il torrente Strona vengono annoverati tra i maggiori. La località è dotata di una discreta infrastruttura industriale ed offre richiami di carattere artistico e turistico.

Curiosità del luogo

La **parrocchiale di S. Giorgio** d'impronta gotica, rinnovata nella prima metà del XVI sec. L'interno ospita opere di un certo interesse artistico. L'annesso **oratorio** affrescato. Il **monumento a G. Argenti** nella cinquecentesca Piazza Vecchia. Il **palazzo Municipale**, recante stemmi in facciata.

Escursione

Al M. Tre Croci, 672 m, sentiero per Orbruncio, Rasco, Lanfranchini, Mazzucco, 707 m, ore 2.30 circa.

VALSTRONA

Comune (BC 5), Prov. di Verbania, abitanti: 1.285, altezza s.l.m.: 475/2421 m, CAP: 28897. **Informazioni:** Municipio di Valstrona. **Stazione ferroviaria:** Omegna (km 7).

Le frazioni del Comune sparso di Valstrona si estendono alle pendici meridionali del M. Massone, 2161 m, alla sinistra idrografica del torrente Strona. Alcune località costituiscono una buona base di partenza per escursioni sulle montagne del circondario. Il territorio è interessante anche per la presenza di numerose grotte naturali: la più importante è la grotta di Sambughetto.

Curiosità del luogo

La **parrocchiale** in località Luzzogno; è intitolata a S. Giacomo (1400 - 1500 circa). A Forno il **Museo di arte sacra** e il **Museo dell'Artigianato**.

Passeggiate ed escursioni

All'A. Bagnone, 1196 m, sentiero da Luzzogno per A. Vecchia, ore 2.30 circa. Al M. Massone, 2161 m, sentiero da Inuggio per A. Fieno Secco, ore 4.30 circa. Al Poggio

Croce, 1765 m, sentiero da Chesio per A. Costavoga, M. Cerano, 1242 m, ore 4 circa. Al Rif. Gravellona Toce, si ripercorre in parte l'itinerario per il M. Massone (vedi sopra), si devia per l'A. Nuova, superando la Bocchetta, 1904 m, si discende alla meta, complessivamente ore 5/6 circa.

VARALLO

Comune (B 7), Prov. di Vercelli, abitanti: 7.655, altezza s.l.m.: 450 m, CAP: 13019. **Informazioni:** «Turismo Valsesia Vercelli», Tel. 016 351280 - Fax 016 353091, Varallo. **Stazione ferroviaria:** Varallo.

Varallo, fin dai tempi remoti centro maggiore della Valsesia, è situato alla confluenza del torrente Mastallone nel Sesia. Apprezzata e frequentata stazione turistica e di soggiorno, è una vivace cittadina, nucleo industriale, centro dei servizi amministrativi e polo d'attrazione valsesiano. La località è sovrastata dalla montagna del Sacro Monte che presenta notevole interesse artistico ed ambientale. Già Varale, la cittadina venne citata in atti imperiali nella prima metà dell'XI sec. Un secolo dopo Varallo diveniva il capoluogo della Comunità Valsesiana, privilegio che manterrà nel tempo nonostante l'alternanza di signori e potentati stranieri.

Curiosità del luogo e dintorni

La **collegiata di S. Gaudenzio**, rimaneggiamento settecentesco di un preesistente edificio di culto del 1200. L'interno accoglie notevoli espressioni artistiche. La **chiesa di S. Marco**, romanica in origine e più volte ristrutturata. L'ottocentesco **ponte** sul torrente Mastallone. La chiesa di **S. Maria delle Grazie** (XV - XVI sec.). Il **Sacro Monte** è annoverato tra i più notevoli testimoni di questo tipo di edilizia religiosa in Italia. Venne realizzato sul volgere del XV sec. e consta della **basilica dell'Assunta e di 44 cappelle**. La **cappella della Madonna di Loreto** (1500 circa) sulla strada per Civiasco.

Passeggiate ed escursioni

Al Sacro Monte, 20 min. Al M. Quarone, 1221 m sentiero da Proia, per A. Falconera, A. di Crosa, A. Volpera, Ronchi, A. Tegna, ore 2.30 circa. Alla Cima di Vaso, 1342 m, sentiero da Arboerio (fin lì anche in auto) per A. Sella, A. Piano, ore 2 circa. Al Bec d'Ovaga, sentiero da Crevola Sesia per A. la Valle, A. Casavei, A. Narpone, Sella di Tagliane, ore 5 circa.

VERBANIA

Comune (D 5), Capoluogo della Provincia di Verbano - Cùsio - Ossola, abitanti: 30.307, altezza s.l.m.: 193/693 m, CAP: 28922. **Informazioni:** Associazione Turistica Pro Loco di Verbania. **Stazione ferroviaria:** Verbania-Pallanza. Linee autocorriere, battello, aliscafo. Traghetto per Laveno (Lombardia).

Le frazioni del Comune sparso di Verbania (sede comunale a Pallanza) sono disseminate in uno degli angoli più pittoreschi della riviera piemontese verbana. Località sita in amena posizione geografica, gode i benefici effetti di un microclima particolarmente felice. Stazione climatica e di soggiorno, centro di villeggiatura in ogni stagione dell'anno, si caratterizza per pregi ambientali di elevato livello. Il territorio comunale conta un'infinità di ville e residenze di pregevole fattura. Già insediamento romano fu, in età medievale, appannaggio successivo di Novaresi, Visconti, Spagnoli e Savoia.

Curiosità del luogo e dintorni

Villa Taranto: giardini dalle fantastiche fioriture di piante assai rare costituenti un'attrazione di primo livello. **Pallanza** con la **chiesa della Madonna di Campagna** dalla cupola bramantesca; il **«Museo del Paesaggio»**, ove trovansi opere dello scultore Trou-betzkoy. **Suna** a meridione di Pallanza, tranquilla località dal felice clima, con la **chiesa dei Santi Fabiano e Sebastiano**. **Intra** famosa per il **mercato** al sabato, con la **basili-ca di San Vittore** ed il **palazzo De Lorenzi**.

VIGANELLA

Comune (A 2), Prov. di Verbania, abitanti: 200, altezza s.l.m.: 582 m, CAP: 28841. **Informazioni:** Municipio di Viganella. **Stazione ferroviaria:** Villadóssola (km 8).

Piccolo borgo della Val d'Antrona, ha un'importanza limitatamente all'aspetto escursio-nistico.

Passeggiate ed escursioni

Vedi anche carta turistica KOMPASS n. 89 «Domodóssola».

Alla cappella di S. Giacomo (nei paraggi il Rif. Rondolini), sentiero per A. La Piana, si risale volgendo quindi a sinistra sino alla meta, ore 4 circa. All'Alpe Cavallo con visita ai due nuclei antichi di Bordo e Cheggio.

VILLADÓSSOLA

Comune (B 2), Prov. di Verbania, abitanti: 7.108, altezza s.l.m.: 257 m, CAP: 28844. **Informazioni:** Municipio di Villadóssola. **Stazione ferroviaria:** Villadóssola.

Là ove la Val d'Antrona sbocca nella piana alluvionale del Toce sorge Villadóssola. L'abi-tato, distinto nei quartieri di Villa vecchia (l'antica Villa) e Villa nuova, si distribuisce lungo la fascia pedemontana del Moncucco ed al margine del torrente Ovesca. L'odier-no centro, sviluppatosi nella piana alluvionale una volta disabitata, è venuto emergendo grazie alla crescita delle attività industriali a cavallo dei secoli XIX e XX. Villadóssola seguì le vicende storiche delle altre terre ossolane; le attività di stampo siderurgico fiorirono in tutta la Val d'Antrona fin dal 1200 circa. La località è oggi il principale centro indu-striale dell'Ossola, tra i più significativi della Provincia del Verbano - Cùsio - Ossola. I dintorni di Villadóssola offrono interessanti spunti di carattere escursionistico.

Curiosità del luogo e dintorni

La vecchia **parrocchiale di S. Bartolomeo** è annoverata tra i più significativi testimoni del Romanico nella Val d'Ossola. L'edificio, del X sec., è affiancato da un bel **campani-le**, anch'esso romanico risalente all'XI sec. Notevole, all'interno, una scultura lignea, sull'altar maggiore (XVI sec.). La **nuova parrocchiale**, nel centro del paese, reca un pregevole Crocifisso (XVI sec.). La **chiesa** romanica **di S. Maria Assunta**, in località Piaggio; risale all'XI sec. e venne edificata sui resti di un preesistente, antico edificio (VIII sec.) interrato dalle alluvioni. I ruderi della **chiesa di S. Maurizio** iniziata nell'XI sec. e ricostruita nel XVII sec. La **parrocchiale** di Noga, edificio barocco dei sec. XVII - XVIII. Le frazioni di **Noga** e **Casa dei Conti** antichi insediamenti con pregevoli esempi di archi-tettura spontanea (sec. XII - XVII).

Passeggiate ed escursioni

In località Tappia, 637 m, sentiero da Murata per Valpiana, ore 1 circa. Al Moncucco, 1896 m, si segue in parte l'itinerario precedente, proseguendo per Campaccio, Colle dei Raffi, Casaravera, in tutto ore 5 circa. Al Moncucco, 1896 m, per il Colle del Pianino, 1620 m, sentiero da Daronzo per Sogno, La Colma, A. Boccarelli, Alpi Sogno, Colle del Pianino, donde alla meta, ore 6/7 circa. Alla cappella di S. Giacomo (nei paraggi il Rif.

Rondolini, vedi ivi) sentiero per A. Corticcio, A. Vancone, A. Baldana, ore 3.30 circa. A Pallanzeno seguendo il sentiero della mezza costa, ore 3.30 circa. A Domodóssola seguendo il sentiero per Tappia, Colle dei Raffi, Alpe Lusentino, Andosso, Vagna, ore 8 circa. A Domodóssola seguendo il sentiero per Tappia, Anzuno, Cruppi, Calvario, ore 4.30.

VOGOGNA

Comune (B 3), Prov. di Verbania, abitanti: 1.760, altezza s.l.m.: 226 m, CAP: 28805. **Informazioni:** Ufficio Turistico presso Comune di Vogogna. **Stazione ferroviaria:** Vogogna.

Raccolto tra il fiume Toce e il Parco Nazionale della Val Grande, nell'Ossola Inferiore, il borgo medievale di Vogogna costituisce una meta ideale per una «passeggiata tra i secoli». Attorno alle fortificazioni militari (prima la Rocca di Vogogna e poi il Castello Visconteo) si sviluppò un fiorente borgo, centro di traffici e di commerci lungo l'antica via del Sempione. Il comune di Vogogna presenta numerosi accessi per la pratica escursionistica.

Curiosità del luogo

A testimoniare il suo passato, ricco di sfumature culturali sorprendenti, sono le opere custodite tra Vogogna e le frazioni di Genestredo e di Dresio. Il **Mascherone celtico**, scolpito in pietra ollare, raffigura una divinità celtica. **Palazzo Pretorio**, costruito nel 1348 per volere di Giovanni Maria Visconti, divenne il centro della vita politica e amministrativa del borgo fino al trasferimento della sede municipale nel 1979. Oggi Palazzo Pretorio è diventato sede di mostre e seminari a carattere internazionale. Intorno al palazzetto sorgono alcuni edifici di notevole bellezza, quali la **chiesa di S. Marta**, di antichissima origine. All'interno si trova la statua della Madonna Addolorata del 1500. A fianco della chiesa, comunicante con essa attraverso un elegante passaggio arcuato, si trova **Villa Biraghi Lossetti Vietti Violi**: costruita nel 1650 per volere di Francesco Lossetti, parte dell'edificio è destinata oggi a servizi pubblici, quali lo Sportello Unico per le Piccole e Medie Imprese, l'Ufficio Turistico del Comune e l'Associazione Culturale Ossola Inferiore. Percorrendo la scalinata che sale da Palazzo Pretorio arriviamo al cospetto della maestosa torre semicircolare, ove inizia il complesso del Castello Visconteo. Contemporaneo al Pretorio, fu fatto edificare da Giovanni Visconti Vescovo di Novara per rafforzare le possibilità difensive dalle incursioni vallesane. Ristrutturato e aperto al pubblico nel 1998, il **Castello Visconteo** ospita mostre a carattere storico e naturalistico e diventerà sede di un centro multimediale. Il nuovissimo Centro Internazionale di scambi salute-arte-ambiente, presso **Palazzo Arcangeli** in via Roma.

Passeggiate ed escursioni

All'A. Sui, 1220 m, sentiero per Genestredo, A. Pianoni, ore 3 circa. Più oltre alla Cima delle Pecore, 2018 m, sentiero per l'A. Corone, A. Ludo Termine e A. Ludo Alboc, ore 8 complessive circa. A Premosello Chiovenda lungo la piana del Toce, 30 min. circa. Al lago di Ravinella, 2000 m circa, sentiero da Rumianca (fin lì in auto) per Agalit, il Motto, Bongiol, La Balma, ore 6 circa. All'Alpe Marona, ore 3. All'Alpe Capraga, ore 3.30. La «Passeggiata delle Sette Chiese». Sentiero Natura «Il respiro della storia». Per informazioni rivolgersi all'Ufficio Turistico del Comune di Vogogna.

Foto di copertina della cartina: Omegna, Lago d'Orta (Lara Pessina)
Redazione testo: Dr. Giuliano Valdes

Numero di edizione: 97 · Edizione: 07.07b
ISBN 3-85491-303-6

© **KOMPASS-Karten GmbH**
Kaplanstraße 2, 6063 Rum/Innsbruck, Österreich
Fax 0043 (0) 512/26 55 61-8
kompass@kompass.at
www.kompass.at

Die KOMPASS-Wanderkarte 1:50.000, Blatt Nr. 97 «Omegna-Varallo-Lago d'Orta» stellt einen wichtigen Gebietsabschnitt der Voralpen von Novara dar. In diesem Bereich der Alpen durchbrechen mächtige Täler (unteres Valle d'Ossola und unteres Valsesia) das Gebirge in Richtung Süden (Lago Maggiore – Lago d'Orta). Unter den Siedlungen ragen besonders die Städtchen im Valle d'Ossola, Domodóssola und Villadóssola, sowie das nahe Bognanco, ein geschätzter Kur- und Ferienort, hervor, Bemerkenswert ist auch S. Maria Maggiore zusammen mit den anderen lieblichen Dörfern des Valle Vigezzo (siehe auch KOMPASS-Wanderkarte Nr. 89 «Domodóssola»). Im Becken von Verbania sind einige bekannte und touristisch interessante Ortschaften zu nennen, wie z.B. Verbania, Stresa, Arona und, auf der lombardischen Seite des Lago Maggiore, Angera (siehe auch KOMPASS-Wanderkarte Nr. 90 «Lago Maggiore – Lago di Varese»). Wegen ihrer Bedeutung für den Fremdenverkehr sind die Siedlungen am Lago d'Orta S. Giulio und Omegna zu erwähnen. Bedeutende auf der Karte abgebildete Siedlungen im Valsesia sind Varallo, Quarona und Borgosesia. Ebenfalls von Bedeutung ist Borgomanero am südlichen Rand der Karte. In verwaltungsmäßiger und politischer Hinsicht ist das auf der Karte dargestellte Gebiet auf die Regionen Piemont und Lombardei aufgeteilt (wenngleich von der letztgenannten Region nur ein sehr kleiner Ausschnitt erkennbar ist – das Planquadrat D 7/8) und zwar auf die Provinzen Vercelli, Novara, Verbano-Cùsio-Ossola und Varese. Unter den Verkehrsverbindungen ragt die Staatsstraße Nr. 33 «del Sempione» hervor, die Mailand mit Brig im lombardischen Rhône-Tal durch die Furche des Valle d'Ossola verbindet (Nr. 9 auf schweizerischem Gebiet). Im nördlichen Teil der Karte erkennt man die Staatsstraße Nr. 337, die durch das Valle Vigezzo führt und über S. Maria Maggiore eine Verbindung mit den schweizerischen Centovalli herstellt. Auf der Höhe von Gravellone Toce zweigt die Staatsstraße Nr. 34 «Verbana occidentale» ab, die am westlichen Ufer des Lago Maggiore entlangführt und bis nach Locarno in der Schweiz gelangt (Nr. 13 auf Schweizer Gebiet). Bei Piedimulera beginnt die Staatsstraße Nr. 549 «Valle Anzasca», welche durch das gleichnamige Tal nach Macugnaga, am Fuße des Monte-Rosa-Massivs, führt (siehe auch KOMPASS-Wanderkarte Nr. 88 «Monte Rosa»). Bei Gravellona Toce beginnt die Staatsstraße Nr. 229, die dem Ostufer des Lago d'Orta entlang, über die Ortschaften Gozzano und Borgomanero nach Novara führt. Von Arona, am Westufer des Lago Maggiore, zweigt die Staatsstraße Nr. 142 in Richtung Biella ab. Schließlich erkennt man im südwestlichen Teil der Karte die Staatsstraße Nr. 299 «di Valsesia», welche Novara über Borgosesia, Quarona und Varallo mit Alagna Valsesia verbindet.

Oberflächengewässer

Das auf der Karte dargestellte Gebiet besitzt vielgestaltige Oberflächenformen, welche ihrerseits verschiedene Arten von Oberflächengewässer bedingen. Davon ausgenommen sind lediglich die Gletscher, die nur im oberen Valle d'Ossola und in seinen Nebentälern vorzufinden sind (siehe auch KOMPASS-Wanderkarte Nr. 89 «Domodóssola»). Auf der vorliegenden Karte können wir neben größeren Flüssen, Bäche und Wildbäche sowie Seen jeglichen Ausmaßes erkennen. Der wichtigste dargestellte Fluss ist der Toce, von dessen Lauf wir den Abschnitt von Domodóssola bis zu seiner Mündung bei Fondotoce in den Lago Maggiore verfolgen können. Dieser Fluss hat seinen Ursprung im oberen Val Formazza und erhält entlang seines Verlaufes den Zufluss zahlreicher Nebenflüsse (siehe auch KOMPASS-Wanderkarte Nr. 89 «Domodóssola»). Unter seinen wichtigsten Zuflüssen sind auf der orographisch rechten Seite, von oben nach unten, der Torrente Bognanco, der aus dem gleichnamigen Tal kommt, und der Torrente Ovesca, der sich im oberen Valle d'Antrona vom Torrente Loranco und aus einigen von Stauseen kommenden Gewässern bildet, zu nennen. Auf der Höhe von Piedimulera mündet der Anza, der das Valle Anzasca durchfließt, in den Toce. Weiter talwärts erkennen wir den Marmazza, Arsa, Anzola und auf der Höhe von Gravellona Toce den Strona, der seinerseits den gleichnamigen Bach, welcher vom Valstrona und vom Lago d'Orta kommt, aufnimmt. Auf der orographisch linken Seite erkennen wir in der gleichen Reihenfolge den Melezzo occidentale, der das Valle Vigezzo durchfließt. Im östlichen Teil der Karte ist der Torrente S. Bernardino zu sehen, der auf der Höhe von Verbania in den Lago Maggiore mündet, nachdem er das Val Grande durchflossen hat. Als letzten nennen wir den nicht weniger wichtigen Fluss Sesia, der durch das mittlere und untere Valsesia, das auf der vorliegenden Karte abgebildet ist, fließt. Im ersten Abschnitt seines Laufes weist er klare Kennzeichen eines Wildbaches auf. Er entspringt im oberen Valsesia, oberhalb der Ortschaft Alagna, wo er mehrere Zuflüsse sammelt, welche überwiegend den Gletschern am Ende des Val Grande entspringen. Siehe auch KOMPASS-Wanderkarte Nr. 88 «Monte Rosa». Auf seinem Lauf erhält er weitere Zuflüsse: auf der orographisch rechten Seite des Valsesia münden die Wildbäche Olen, Otro, Vogna, Artogna und Sorba sowie einige weniger bedeutende Bäche. Auf der orographisch linken Seite ist der einzige Fluss von gewisser Bedeutung der Sermenza, der auf der Höhe von Balmuccia in den Sesia mündet. Auf der Höhe von Varallo mündet der Mastallone ebenfalls in den Sesia.

Der Lago d'Orta

Der ungerechtfertigterweise unter den «kleineren» der Alpenrandseen eingeordnete Lago d'Orta zeichnet sich durch seine vielfältigen landschaftlichen Schönheiten aus. Er liegt zwischen dem Valsesia im Westen und dem Lago Maggiore im Osten. Er wurde in der Antike Cusius genannt und erreicht eine maximale Tiefe von 143 m. Seine bedeutendsten Anziehungspunkte sind das Vorgebirge des Sacro Monte und die aussichtsreiche S.-Giulio-Insel.

Der Lago di Mergozzo

Dieser kleine See liegt zwischen dem Tocefluss und dem Torrente S. Bernardino, nicht weit vom Lago Maggiore. Am Westufer liegt das gleichnamige Dorf. In dessen Umgebung wurde am Ende des 19. Jahrhunderts eine Grabstätte gefunden, welche auf das Alter der ersten Ansiedlungen in diesem Bereich schließen lässt.

Der Lago Maggiore

Dieser nach dem Gardasee zweitgrößte See Italiens bildet mit dem nahen Lago di Como ein erstrangiges Fremdenverkehrsziel. Dieses typische Becken am Alpenrand verdankt seine Entstehung der Eiszeit, welche das Gebiet am Ausgang des Val Leventina formte. Der See wurde von den Römern Verbanus Lacus genannt. Seine Umgebung erfuhr einen raschen Bevölkerungszuwachs im Zuge des Völkeraustausches zwischen der Poebene und dem Nordrand der Alpen. Der tiefste Punkt des Lago Maggiore beträgt 372 m; der wichtigste Zu- und auch Abfluss ist der Ticino. Dank des milden lokalen Seeklimas bilden die Ortschaften am Ufer geschätzte Fremdenverkehrsorte und die Umgebung weist eine mediterrane Pflanzenwelt auf. Der See wird von einer reichen und vielfältigen Tierwelt belebt. Im Golf von Borromeo, auf Piemonteser Gebiet (auf dieser Karte ersichtlich), erkennt man die Borromeo-Inseln, welche landschaftlich äußerst reizvoll sind und zu den schönsten Inseln des Sees gehören.

Morphologie und geologische Struktur

Die Formenwelt des auf der Karte dargestellten Gebietes besitzt deutlichen Vorgebirgscharakter. Dieser Bereich der Piemonteser Voralpen - er liegt zwischen den Penninischen und den Lepontinischen Alpen - zeichnet sich durch markante Talfurchen aus, welche ihrerseits die einzelnen Gebirgsgruppen der Voralpen voneinander trennen. So schiebt sich z.B. der obere Teil des Valle d'Ossola zwischen die Erhebungen, die im M. Zeda, 2156 m, und in der Cima della Laurasca, 2195 m, gipfeln (im Gebirgsviereck, das von den Tälern Vigezzo und Cannobina, vom Westrand des Lago Maggiore und vom unteren Valle d'Ossola begrenzt wird) und die Erhebungen, die in der Cima Capezzone, 2421 m, und dem M. Massone, 2161 m (östliche Ausläufer des Monte-Rosa-Massivs, welche zwischen dem Valle d'Ossola, Valle Anzasca, Valstrona und Valsesia liegen) gipfeln.

Das Valle d'Ossola bildet den oberen Bereich einer selbständigen geographischen Einheit in der Region Piemont. Als natürliche Unterregion breitet sich das Valle d'Ossola im Norden der Provinz Novara zwischen dem Monte-Rosa-Massiv und dem Lago Maggiore aus. Das Gewässernetz ist in erster Linie auf den Toce hin ausgerichtet, dessen Tal die Hauptachse jener Talverzweigung bildet, deren Gestalt mit einem Platanenblatt verglichen wird. Die geographische Begrenzung des Valle d'Ossola liegt bei Crevoladóssola, auf dessen Höhe die Täler Divedro und Antigorio abzweigen. In dem auf dieser Karte ersichtlichen Abschnitt des Valle d'Ossola erkennt man zwei bedeutende und wichtige Ortschaften: Domodóssola und Villadóssola. Das Valle d'Ossola bildet den nördlichsten Punkt der Provinz Verbania. Die Seitentäler des Valle d'Ossola haben seit jeher eine intensive Beziehung zu den Gebieten jenseits der Alpen unterhalten, dank der günstigen Verkehrswege über den Simplonpass und später durch den Simplon-Eisenbahntunnel. Dieses an landschaftlichen Schönheiten reiche Gebiet hat schon immer zahlreiche Besucher angezogen. Das Gebiet ist das ganze Jahr über Ziel von Touristen, die hier die nötigen Einrichtungen vorfinden. Hier kommen sowohl Wanderer, Bergsteiger, Wintersportbegeisterte und Skifans, aber auch Ruhe- und Erholungsuchende auf ihre Rechnung. Auf der Höhe von Villadóssola zweigt das Valle d'Antrona ab, das vom Torrente Ovesca durchflossen wird und einige Stauseen besitzt. Im Tal gibt es keine bedeutenden Fremdenverkehrsorte, aber es bestehen gute Wandermöglichkeiten. Bei Domodóssola mündet auf der orographisch rechten Seite des Toce das grüne Valle di Bognanco. Es wird vom Torrente Bogna entwässert und wird in erster Linie wegen seiner Thermalanlagen besucht. Im orographisch gegenüberliegenden Teil des Valle d'Ossola mündet das Valle Vigezzo. Dieses Kur- und Fremdenverkehrszentrum ist auch im Winter ein gut besuchtes Wintersportgebiet. Das Licht und die Farben der Landschaft waren schon seit jeher ein Motiv, das Maler und Poeten inspiriert hat. Diesbezüglich gab es im 19. Jh. eine Blütezeit, wobei der Name «Das Tal der Maler» geprägt wurde. Die frühe geschichtliche Entwicklung liegt noch im Dunkeln, wenngleich etruskische Endungen wie «ogno» und «esco» bekannt sind. Im Laufe der Jahrhunderte und unter den verschiedenen Herrschern genoss die Bevölkerung dank ihrer Treue stets Privilegien. Wegen der natürlichen Schönheiten, den guten Verkehrsverbindungen, dem künstlerischen Erbe, der Flora und Fauna, dem Vorhandensein von seltenen Mineralien und den gastronomischen Spezialitäten wurde das Tal schon immer von Touristen und Erholungsuchenden besucht. Es wird vom Melezzo occidentale durchflossen und zieht sich bis zur Grenze mit der Schweiz hin; die Fortsetzung des Tales auf Schweizer Gebiet wird Centovalli genannt und bildet eine direkte Verbindung zwischen dem Gebiet des Valle d'Ossola und dem oberen Becken von Verbania auf schweizerischem Gebiet. Unter den bedeutenden Ortschaften des Valle Vigezzo befindet sich Santa Maria Maggiore, ein erstrangiger Fremdenverkehrsort und Ausgangspunkt zum Skigebiet der Piana di Vigezzo. Das

Politische Übersichtsskizze 1:500 000

ITALIEN
Provinz Verbania

Region Piemont

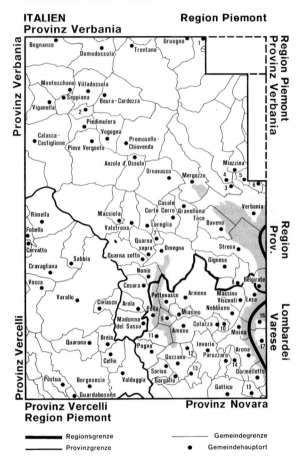

Provinz Verbania

Provinz Vercelli
Region Piemont

Provinz Novara

Legende	
▬▬▬ Regionsgrenze	——— Gemeindegrenze
——— Provinzgrenze	● Gemeindehauptort

Verwaltungsgebiet und Name der dafür zuständigen Gemeinde:

Provinz Verbania
1 = Santa Maria Maggiore; 2 = Pallanzeno; 3 = San Bernardino Verbano;
4 = Cossogno; 5 = Cambiasca; 6 = Vignone; 7 = Germagno; 8 = Brovello-Carpugnino;

Provinz Novara
9 = Orta San Giulio; 10 = Pisano; 11 = San Maurizio d'Opaglio;
12 = Bolzano Novarese; 13 = Briga Novarese; 14 = Oleggio Castello;
15 = Comignano;

Provinz Varese
16 = Ranco; 17 = Angera;

Valle Anzasca ist morphologisch gesehen ein weiteres wichtiges Gebiet; es wird vom Torrente Anza durchflossen und verläuft von der Ostseite des Monte Rosa bis zur Einmündung in das Valle d'Ossola bei Piedimulera. Der Anzabach bildet sich im oberen Talbereich aus dem Zusammenfluss der zahlreichen, aus den Gletschern der Umgebung kommenden Gewässer. Das Tal wird von einigen der höchsten Gipfeln der Monte-Rosa-Gruppe überragt; über allen jedoch ragt die Punta Dufour, 4634 m, die nach dem Mont Blanc zweithöchste Bergspitze Europas, auf. Die Bevölkerung des Tales, durch welches die Staatsstraße Nr. 549 führt, verteilt sich auf eine Reihe von Ortschaften; die wichtigste davon ist Macugnaga, die bis vor wenigen Jahrzehnten ein wichtiger Bergbauort war und heute ein bekannter Fremdenverkehrsort im Bereich des Monte Rosa ist und der zudem über moderne Wintersportanlagen verfügt. Das Valsesia hat seinen Ursprung in den südöstlichen Ausläufern des Monte Rosa und erreicht nach einem gewundenen Verlauf den Südrand der Alpen bzw. den Rand der Poebene. In seinem mittleren und oberen Abschnitt wird das Tal Valgrande genannt. Sein weiter Talschluss wird von einigen der höchsten Gipfel des Monte-Rosa-Massivs überragt, von weiten Gletscherflächen umrahmt und von tiefen Felsschluchten und mächtigen Schuttablagerungen gekennzeichnet. Der Sesia bildet sich aus dem Zusammenfluss des Schmelzwassers des gleichnamigen Gletschers und einer Reihe von Nebenbächen, welche von anderen, den Talschluss umgebenden Gletschern, kommen. Am Talboden verläuft die Staatsstraße, längs welcher sich die größeren Ansiedlungen befinden. Unter diesen ragt Alagna Valsesia wegen seiner optimalen Fremdenverkehrs- und Wintersporteinrichtungen hervor. Das Valsesia besitzt eine Reihe von Nebentälern. Die wichtigsten davon sind das Valle d'Olen und das Val d'Otro, das Val Vogna und das Valle Artogna, sowie das Valle Sermenza, welches auf der orographisch linken Seite bei Balmuccia einmündet (siehe auch KOMPASS-Wanderkarte Nr. 88 «Monte Rosa»).

Bei Omegna zweigt das Valstrona ab, das sich zwischen dem Valle d'Ossola und dem Valsesia eingeschnitten hat. Es wird vom Torrente Strona durchflossen und ist wegen des Kunsttischlerhandwerks und der Marmor- und Steinbrüche bekannt. Unter den zahlreichen Erhebungen, die das Tal überragen, sind neben dem bereits erwähnten M. Massone und der Cima Capezzone die Punta dell'Usciolo, 2187 m, der M. Capio, 2172 m, und der Cengio dell'Omo, 2134 m, zu nennen. Im nordöstlichen Teil der Karte ist das Val Grande zu erkennen. Es wird vom Torrente S. Bernardino durchflossen und von einigen, teilweise auch höheren, Berggipfeln überragt (Punta Proman, 2098 m, Cima Corte Lorenzo, 1574 m, Cima Sasso, 1916 m, Pizzo Pernice, 1506 m, Pian Cavallone, 1564 m, Pizzo Marona, 2051 m, daneben die bereits erwähnten M. Zeda und Cima della Laurasca). Weitere wichtige Berggipfel auf der Karte sind der Bec d'Ovaga, 1630 m, und der M. Barone, 2044 m (auf der orographisch rechten Seite des Valsesia). Von großer Bedeutung – sei es hinsichtlich der landschaftlichen Schönheit, als auch der Ausblicke wegen – sind die Erhebungen zwischen dem Lago d'Orta und dem Lago Maggiore, die im Mottarone, 1491 m, gipfeln.

Im dargestellten Gebiet sind verschiedene Gesteinsarten vertreten. Dieser Umstand ist dem Prozess der Gebirgsbildung zu verdanken, welcher sich über mehrere geologische Zeitabschnitte erstreckte. Der östliche Teil der Penninischen Alpen weist Gesteine der drei großen Gesteinsgruppen auf: magmatische, Sediment- und metamorphe Gesteine. Die wichtigsten Gesteinsarten, die den M. Rosa aufbauen, sind Gneise, Glimmerschiefer, Kalkschiefer, Serpentingestein und Hornblende; metamorphose Kalke finden sich im Valsesia neben Glimmerschiefer und Gneisen. Zu erwähnen sind im übrigen die Goldbergwerke im Valsesia, in denen seinerzeit, wenn auch nur in geringen Mengen, dieses kostbare Metall abgebaut wurde. In der Vergangenheit versuchte man auch – ohne großen Erfolg – den Abbau weiterer Mineralien, wie etwa von arsen- und silberhaltigem Pyrit und Bleiglanz. Weit verbreitet sind, vor allem im Valsesia, die Marmorbrüche (bekannt ist, unter anderem, der grüne Marmor von Varallo). Der alpine Formenreichtum dieses Gebietes, das zwischen den Penninischen und den Lepontinischen Alpen liegt, ist in engster Weise mit den glazialen Formationen (sehr intensiv war die glaziale Überformung durch den Toce-Gletscher, der in der Eiszeit weite Teile der Hauptgebirgskette, die zwischen den Tälern von Dévero, Antigorio und Formazza liegt, bedeckte und bis in das Valle d'Ossola reichte) und mit metamorphosen Erscheinungen verbunden. In geologischer Hinsicht und in Hinblick auf die Verbreitung der einzelnen Gesteine erhalten wir folgends Bild: auf Orthogneise treffen wir im Gebiet des M. Leone; Gneise und Hornblende sind im Bereich der Punta dell'Arbola und des M. Basodino verbreitet; in der Umgebung der Punta del Sabbione-Blinnenhorn-Punta Valrossa treffen wir auf Quarzit und Kalkschiefer. Im Bereich des Corno di Ban-Punta del Costone-Punta del Sabbione sind Trias-Gesteine (Dolomite) zu erkennen. Siehe auch KOMPASS-Wanderkarte Nr. 89 «Domodóssola».

Geschichte

Die geschichtlichen Ereignisse des auf der Karte dargestellten Gebietes beschränken sich auf jene des Valle d'Ossola und seines Hauptortes Domodóssola. Die ersten menschlichen Ansiedlungen in der Toce-Ebene, dort, wo sich das enge Tal am Zusammenfluss eines ausgedehnten Talsystems weitet, sind in die vorrömische Epoche zu datieren. Die «Leponzi» waren die Bewohner jenes Gebietes, welches die Römer ab 12 v. Chr. als «Oscela Lepontiorum» bezeichneten und welches das wichtigste Zentrum dieser von Augustus gegründeten Provinz des Valle d'Ossola wurde. Beim Zusammenbruch des römischen Reiches (476) erlitt das Valle d'Ossola die Verwüstungen durch Hunnen, Goten und Langobarden. Letztere errichteten in Domodóssola (früher Domus Oxulae) einen Stützpunkt, in welchem nach dem Einfall der Franken der Vertreter des Fürstbischofs von Novara seine Macht ausübte. Eine alte Überlieferung schreibt Berengarius I. die Übertragung des Marktrechtes an Domodóssola zu (917). Am Beginn des 14. Jh. wurde das Städtchen durch eine Mauer befestigt, die am Übergang zum 15. Jh. verstärkt wurde. Dies geschah durch Ludovico il Moro. Zur Zeit der Lehensherrschaft gehörte Domodóssola zuerst den Visconti und in der Folge den Sforza. Eine Unterbrechung bildete nur die Schweizer Herrschaft durch die Walliser. Der Friede von Cateau-Cambrésis (1559) übertrug das Gebiet den Spaniern, die ihre Herrschaft ungefähr 2 Jahrhunderte lang ausübten. Zur Zeit der Aufteilung der spanischen Gebiete wurde das Valle d'Ossola Karl VI. von Habsburg und dann Maria Theresia übertragen. In der Mitte des 18. Jh. wurde das Städtchen Domodóssola als Folge des Vertrages von Aachen den Savoyern übertragen. Diese bekämpften die ersten republikanischen Ideen, welche sich am Ende des Jahrhunderts in der gesamten Region verbreiteten. Zur Zeit der Französischen Revolution war das Valle d'Ossola Teil der Cisalpinen Republik und später des italienischen Königreiches. Während der Napoleonischen Ära wurde die Straße über den Simplon (1801–1805) gebaut. Nach dem Aufstieg von Bonaparte teilte das Valle d'Ossola, das zu Savoyen gehörte, die Ereignisse mit diesem bis zur italienischen Einheit. 1906 wurde der Simplon-Eisenbahntunnel fertiggestellt, der eine einschneidende Wende in der Wirtschaft des Tales brachte. Am Ende des Zweiten Weltkrieges wurde Domodóssola für einen kurzen Zeitraum (September bis Oktober 1944) Sitz der demokratischen und selbstverwalteten «Republik Val d'Ossola». Diese führte einen erbitterten, wenngleich ungleichen Kampf gegen die nazi-faschistische Besatzung und leistete damit einen bedeutenden Beitrag zur Befreiung der Nation. Vom Valsesia wissen wir mit Sicherheit, dass es von Angehörigen eines ligurischen Stammes bewohnt wurde, bevor es unter die römische

Herrschaft (34 v. Chr.) fiel. In der Folge (langobardische Epoche) wurde es zuerst Teil des Herzogtums «Isola S. Giulio», dann ein Bestandteil der Mark von Ivrea und anderer lokaler Signorien. Im 13. Jh. bildete sich eine Art Autonomie mit eigenen Statuten. Es entstand eine Vereinigung der Gemeinden «Università dei Comuni» mit Sitz in Varallo. Auch diese Organisation war im Rahmen der Feudalherrschaft zuerst von Mailand, dann von den Spaniern und schließlich von Savoyen (18. Jh.) abhängig.

Die Gebiete um den Lago d'Orta waren zur Zeit der Römer bereits dicht besiedelt und der See erhielt den Namen Cusius lacus. Im 4. Jh. wurde die christliche Lehre von den Heiligen Giulio und Giuliano verbreitet; aus dieser Zeit stammt die Bezeichnung Lago di S. Giulio. In der Folge wurde das Gebiet Teil des langobardischen Reiches, anschließend gehörte es zum Fränkischen Reich. Um das Jahr 1000 war das Gebiet vom Bischof von Novara abhängig. Daraufhin unterstand es der freien Gemeinde von Novara. Die folgenden Gegensätze zwischen den Guelfen und den Ghibellinen (ca. 1300) verfeindeten einige Familien des Ortes untereinander. In der Folge teilte das Gebiet um den Lago d'Orta die Geschehnisse mit Mailand. Dann kam es zum sardischen Königreich (18. Jh.). Die geschichtlichen Ereignisse der Gebiete um den Lago Maggiore führen uns in sehr frühe Zeiten zurück. Die ersten menschlichen Ansiedlungen scheinen in der Vorgeschichte erfolgt zu sein (Eisenzeit). In der Folge siedelten sich die Gallier und später (2. Jh.) die Römer an. Diese fügten das Gebiet um den Verbanus lacus dem Reich von Augustus hinzu und errichteten die Militärstützpunkte von Angera und Locarno. Nach dem Verfall des Römischen Reiches wurde das Gebiet von Barbaren verwüstet und in der Folge von Langobarden und Franken beherrscht. Zur Zeit der Feudalherrschaft übte einmal diese, einmal jene Familie die Macht aus. Das Mailänder Geschlecht der Visconti (zweite Hälfte des 13. Jh.) war von allen Adelsfamilien die mächtigste. Dieser folgten die Borromeo, deren Herrschaft über jene Spaniens hinausging. Letztere mussten das Gebiet den Habsburgern überlassen. Anschließende Gebietsteilungen, die von öffentlichen Verträgen sanktioniert wurden, spalteten das Gebiet des Lago Maggiore auf das Königreich von Sardinien, die Schweiz und Österreich auf. In der Folge teilten die Gebiete auf piemontesicher und lombardischer Seite die Geschehnisse des italienischen Königreiches bis zur nationalen Einigung.

Wie verhält man sich während der Wanderungen?

Das Wandern in einer fast unberührten, natürlichen Landschaft stellt für den Menschen ein einzigartiges Erlebnis dar. Will der Wanderer Erholung und Genugtuung finden, sollte er einige Ratschläge befolgen. Unerfahrene Personen sollten vor allem nur leichte Touren unternehmen, die bei normalen Wetterverhältnissen ohne Hilfe eines Führers durchgeführt werden können. Gebirgstouren verlangen eine besondere Erfahrung oder die Begleitung eines Bergführers. Die Grundausrüstung eines Wanderers sollte aus Folgendem bestehen: Bergschuhe oder Stiefel mit Profilsohlen, geeignete Bekleidung, Rucksack, Regenschutz, Taschenapotheke, Sonnenschutz (Sonnenöl) und Wanderkarte. Eine Taschenlampe, ein Kompass und ein Höhenmesser sind weitere wertvolle Hilfsmittel. Vor Beginn einer Tour sollte man sich über den Zustand und die Länge der Strecke genau informieren, sowie auch über den Schwierigkeitsgrad, ohne zu vergessen, die körperliche Verfassung eines jeden zu überprüfen. Außerdem sollten die Wetterverhältnisse und die örtlichen Verhältnisse beachtet werden, auch unter Befragung der einheimischen Bevölkerung.

Nationalpark Val Grande

Der Nationalpark Val Grande ist das größte Wildnisareal Italiens. Die rauen, zerklüfteten Berge, die es umgeben, tragen seit jeher dazu bei, die Tallandschaft unberührt zu erhalten. Im Jahr 1967 wurde das Felsmassiv Pedum als Wildnisreservat eingerichtet - das erste der italienischen Alpen. Der entscheidende Anstoß zur Schaffung des Nationalparks erfolgte in der zweiten Hälfte der Achtzigerjahre durch Maßnahmen der Lokalbehörden und der Region Piemont, wie auch des Umweltministeriums, bis 1992 die offizielle Gründung erfolgte. Das Val Grande ist nicht nur sagenumwittert und rau, sondern weist auch Fragmente alpiner Kultur auf, die von einer Vergangenheit zeugen, in der die Haupterwerbszweige die Alm- und Holzwirtschaft waren. Interessant ist außerdem die «Cadorna-Linie», eine Reihe militärischer Befestigungsanlagen, die im Ersten Weltkrieg geschaffen wurden, um einen österreichisch-deutschen Angriff von der Schweiz her abzuwehren. Die militärische Säuberung im Juni 1944 war eine der Ursachen für die endgültige Aufgabe vieler der Almen. Für das Val Grande bedeutete das die Rückkehr zur «Wildnis» und zur Natur als uneingeschränkter Herrscherin im Tal.

Besucherzentren des Nationalparks Val Grande

- Besucherzentrum von Intragna
- Besucherzentrum von Premosello Chiovenda
- Informationszentrum von Malesco
- Besucherzentrum von Buttogno
- Informationszentrum von Cicogna

Geöffnet im Sommer (zwecks Informationen oder wenn die Zentren geschlossen sind, wenden Sie sich bitte zu den Bürozeiten an die Geschäftsstelle der Parkverwaltung in Verbania-Pallanza, demnächst Übersiedlung nach Vogogna, Tel. 0323 557 960).

Centro di educazione ambientale und Museo dell'Acqua (Bildungszentrum für Umweltfragen) «Aquamondo" in Cossogno

Museo del Parco in Malesco

Die Naturlehrpfade des Parks:

1. **«All'ombra degli abeti»** - Cappella Porta - Pian Cavallone (Caprezzo) (Thema: Der Nadelwald).
2. **«L'uomo-albero»** - Ompio - Monte Faiè (S. Bernardino Verbano) (Thema: Der Buchenwald).
3. **«La civiltà della fatica»** - Cicogna - Alpe Prà e Leciuri (Cossogno) (Thema: Das Verhältnis Mensch - Umwelt).
4. **«Una storia d'acqua»** - Cicogna - Pogallo (Cossogno) (Thema: Wasser und Rodung).
5. **«Vivere in salita»** - Premosello Chiovenda - Colloro - (Premosello Ch.) (Thema: Die bäuerliche Kultur).
6. **«Il respiro della storia»** - Vogogna - La Rocca di Genestredo - (Vogogna) (Thema: Das Mittelalter und die Geschichte von Vogogna).
7. **«Storie di pietra»** - Beura - Bisoggío - (Beura Cardezza) (Thema: Die Verwendung des Steins).
8. **«Lungo il filo di una traccia»** - Trontano - Faievo (Trontano) (Thema: Tierfährten).
9. **«Incontro al parco sui sentieri antichi ... con occhi nuovi»** (S. Maria Maggiore - Valle del Basso - Bocchetta di Vald), (Thema: Flora, Fauna und Geologie).
10. **«Sentieri dell'uomo nella natura della bassa Val Grande»** - Cossogno

Naturpark Alta Valsesia

Der Park erstreckt sich über 6.511 ha auf einer Höhe zwischen 900 m und 4.559 m und ist somit der höchste Park Europas. Sein Gebiet umfasst die oberen Abschnitte des Sesia- und des Sermenza-Flusses. Seine westliche und nordwestliche Grenze verläuft entlang der Wasserscheide, die das Valsesia vom Val Gressoney, vom Schweizer Gebiet und vom Valle Anzasca trennt. Im Westen fällt die Grenze mit dem Bergkamm des Monte Rosa zusammen und berührt die Punta Gnifetti, 4.559 m. Die Parkvegetation zeichnet sich durch Pflanzenreichtum und verschiedene Vegetationsgruppen aus. In dem Zusammenhang ist auf zwei endemische Erscheinungen und auf einige Formen spezieller Pflanzen hinzuweisen, die an besondere Umweltfaktoren und ökologische Merkmale gebunden und für Quell- und Bachbereiche charakteristisch sind. Bei Rima ist ein prachtvolles Exemplar einer Jahrhunderte alten Lärche zu bewundern. Unter den Vertretern der Fauna sind die in großer Zahl vorhandenen, für Berggebiete typischen Huftiere zu nennen, wie Gämsen, Steinböcke, Rehe. In beachtlicher Menge sind außerdem Bergsäugetiere vorzufinden, unter denen das Murmeltier hervorsticht. Die bunte Vogelwelt zeichnet sich durch den Steinadler aus, der stellenweise gut vertreten ist.

Naturpark Monte Fenera

Der Name des Parks leitet sich vom Berg ab, der sich einsam und wuchtig über den Spitzen des Unteren Valsesia erhebt und den man von der Ebene von Novara und Vercelli aus an seinem Profil erkennt: der Fenera. Seine Bedeutung ist auf Funde prähistorischer Fauna zurückzuführen, wie des Höhlenbären, und auf Pflanzenarten, die für den Monte Fener charakteristisch sind, wie die Daphne Alpina, ein Relikt der Eiszeit. Im Jahr 1994 wurde hier das erste Nisten von Schwarzstörchen in Italien verzeichnet, und seit 1996 ist der Park eine Sammelstelle für Daten, die diesen Waldvogel betreffen. Im Park sind zwei Arten von Baumbildungen erkennbar: Eine zeichnet sich durch mächtige, alte Bäume aus, bei der anderen überwiegen Pflanzen bescheidenen Ausmaßes. Im ersten Bereich, zu dem Edelkastanienwäler gehören, sind spezielle Tiere anzutreffen, die vom Alter des Waldes zeugen: unter den Vögeln sticht der kleine Buntspecht, der Kleiber und der Gartenbaumläufer hervor, unter den Säugetieren der Marder und der Siebenschläfer. Im zweiten Bereich halten sich Tiere auf wie der Zaunkönig, die Grasmücke und die Spitzmaus, die gerne Niederstammwälder bewohnen. Die verschiedenen Lebensräume zeichnen sich durch so manches besondere Habitat aus, wie etwa die Kalkfelsen, in denen Tiere - vor allem Vögel - leben, die im Valsesia sonst selten anzutreffen sind: z.B. der Wanderfalke, die Uferschwalbe und der Mauerläufer. Im Herbst folgen tausende Vögeln zwei bedeutenden Migrationslinien, die in NO-SW-Richtung zu den Mittelmeergegenden führen, in denen die Vögel überwintern.

Naturpark Lagoni di Mercurago

Es handelt sich um ein Torfmoor in einem hügeligen Moränengebiet mit Teichen und Sümpfen eiszeitlichen Ursprungs, von denen einige allmählich versickern. Interessant sind die Wasser- und Sumpfpflanzen mit botanischen Besonderheiten und die archäologischen Funde. Drei Viertel der Fläche ist vom Wald bedeckt. Erwähnenswert sind, neben einem künstlich angelegten, ca. 30 ha großen Kieferhain, u.a. die Weymouthskiefer und die Robinie. Das Unterholz setzt sich aus säureliebenden Pflanzen zusammen (vorwiegend Haselnuss und Holunder). Unter den Tieren sind die Insektenfresser, die Flattertiere und kleinen Nagetiere zu nennen. Außerdem leben hier etwa hundert Vogelarten: Nist-, Zugvögel und andere.

Spezial-Naturreservat Canneti di Dormelletto

Das Gebiet gehört - mit der Piana di Fondo Toce - zu den letzten Übergangszonen zwischen Land und Wasser mit vorwiegend wildwachsender Vegetation, die in erster Linie aus Röhricht besteht. Die Bedeutung des Reservats liegt in der grundlegenden ökologischen Funktion des Röhrichts als Lebensraum: es reguliert und reinigt die Gewässer fängt auch ins Wasser gelangende Schadstoffe ab.

Spezial-Naturreservat Fondo Toce

Der hohe naturalistische Wert ist auf die große Seltenheit dieses Habitats zurückzuführen, wie auch auf die Scharen an Stand- und Zugvögeln. Das Reservat, das sich durch ca. dreißig Hektar Sumpfgebiet und Röhricht auszeichnet, umfasst auch in den Grenzzonen schmale Streifen mit Weiden als Ufervegetation, die durch zahlreiche weitere Pflanzenarten bereichert wird. Es sei auch auf die internationale Bedeutung dieses Gebietes als Raststätte zahlreicher Zugvögel hingewiesen, die sich während ihrer Flüge hier kurz aufhalten.

Reservat Sacro Monte Calvario di Domodóssola

Das Reservat, das 1991 auf den Hängen des alten Hügels Mattarella entstand - der auf Monte Calvario (Kalvarienberg) umbenannt wurde, nachdem im 16. Jh. hier eine dem Gekreuzigten geweihte Wallfahrtsstätte errichtet worden war - strahlt noch heute eine besondere Atmosphäre aus, die diesen Ort zu einem beliebten Ziel für Touristen macht. Der Kreuzweg verläuft im ersten Teil eben: von hier aus ist die Ruine des alten Kapuzinerklosters zu erkennen, die Mitte des 19. Jh. aufgelassen wurde. Der leicht ansteigende Steinweg führt dann durch einen Wald, der sich aus Kastanienbäumen, Linden und Eschen zusammensetzt und etwa 50% des geschützten Gebietes ausmacht. Den Gipfel des Berges bedeckt hingegen eine gemischte Vegetation, die Sommer- und Stieleichen und zahlreiche exotische, im 19. Jh. eingeführte Arten umfasst.

Spezial-Naturreservat Sacro Monte di Varallo

Der im Grün der Wälder auf der Spitze eines Felsmassivs hoch über Varallo gelegene Kalvarienberg (der älteste von Piemont) umfasst 50 Kapellen, die zum Teil einzeln stehen und zum Teil zu Monumentalanlagen gehören. In ihnen sind über 800 Statuen aus Holz und mehrfarbiger Terrakotta in Lebensgröße angeordnet, die vom Leben, Leiden und Tod Christi berichten. Von dieser natürlichen Terrasse aus überblickt man das gesamte untere Valsesia bis zum Fenera-Berg, im Nordwesten ist am Horizont das Monte Rosa-Massiv zu erkennen. Obwohl das Gelände des Reservats durch den Menschen stark verändert worden war, wuchs die Baumdecke - nach Jahren allmählicher Abwanderung - wieder nach und der Pflanzenreichtum entwickelte sich neu. Innerhalb des sakralen Geländes nahm die durch Menschenhand stark beeinflusste Naturlandschaft das Aussehen eines Renaissancegartens an: Erwähnenswert sind ein Buchenwald und einige Jahrhunderte alte Exemplare verschiedener Pflanzenarten, wie Buchsbaum, Eibe, Ilex und Feldulmen.

Spezial-Naturreservat Sacro Monte di Orta

Der Sacro Monte, der sich im Grün der Wälder auf der Spitze eines Hügels in dominierender Lage über dem Lago d'Orta erstreckt, umfasst 21 Kapellen, die in der Zeit zwischen Ende des 16. und Ende des 18. Jh. gebaut wurden und Fresken und Terrakotta-Statuen enthalten, die vom Leben des heiligen Franziskus berichten. Die Gemälde und Statuen sind wahre Kunstschätze, die von Meistern jener Zeit geschaffen wurden (die Fiamminghini, Cristoforo Prestinari, Dionigi Bussola und Morazzone), doch ebenso interessant sind die Besonderheiten der Natur. Der Ausläufer, auf dem sich der Sacro

Monte d'Orta erhebt, besteht aus Felsen, die Quartärgletscher geschaffen hatten. Die Flora zeichnet sich durch immergrüne Arten und durch einige typische Bergpflanzen, wie die Heidelbeere aus. Unter den Baumarten sind besonders die Föhre, Eibe, Buche, Stechpalme zu nennen, neben einer schönen Weißbuchenallee am See.

Spezial-Naturreservat Monte Mesma

Am Gipfel des Berges erhebt sich - mit prachtvollem Ausblick auf den Lago d'Orta - eine Monumentalanlage: Sie setzt sich aus einem Kloster, das im 17. Jh. an der Stelle einer Burg aus dem 14. Jh. errichtet wurde, und einigen Kapellen zusammen, die einen Prozessionsweg säumen. Die Gegend ist außerdem in archäologischer Hinsicht sehr interessant, da hier Zeugnisse keltischen Ursprungs und Reste aus gallischer Zeit, wie auch aus der römischen Kaiserzeit zutage traten. Die Berghänge sind dicht bedeckt mit Vegetation, besonders mit Kastanien- und Eichenwäldern. Erwähnenswert ist auch der Artenreichtum immergrüner Pflanzen, wie Stechpalme, Buchsbaum, Eibe.

Spezial-Naturreservat Colle della Torre di Buccione

Der Colle della Torre di Buccione, ein in der Nähe des Monte Mesma gelegener und auf den Lago d'Orta blickender Hügel, bildet auch in Hinsicht auf den Wald einen bedeutungsvollen Aspekt des Sees. Auf seinem Gipfel erhebt sich ein befestigter Turm von erheblichem historisch-architektonischem Wert, das letzte Bollwerk einer Burg, die im 13. Jh. urkundlich erwähnt wird. Im Turm von Buccione hing eine Glocke, die bei Gefahr geläutet wurde: das letzte Exemplar, das aus dem 17. Jh. stammt, ist heute im Garten des Gemeindeamtes von Orta zu sehen.

Alpengasthöfe und Unterkunfshütten

Wir übernehmen keinerlei Verantwortung für die Angaben. Bevor Sie eine Wanderung unternehmen, erfragen Sie bitte am Talort die Bewirtschaftungszeiten und Unterkunftsmöglichkeiten der Schutzhütten.

Alpe Lago, Bivacco, 1545 m (A4), CAI Macugnaga, Unterkunftsmöglichkeit auf der gleichnamigen Alm, an den Nordhängen des M. Ronda. Zugang: Wanderweg von Antrogna auf der Staatsstraße durch das Valle Anzasca; man steigt über den Wanderweg im Val Segnara auf und folgt der G.T.A. (große Alpenquerung), ca. 4 Std. Übergänge: zur Punta Camino, 2148 m, Wanderweg, ca. 2 Std. Zum Passo del Riale, 2027 m, über A. Laghetti, ca. 2 Std.

Alpe Lusentino, Rifugio, 1050 m (B1), Privatlokal auf der gleichnamigen Alm, an den nord-östlichen Abhängen des Moncucco. Zugang: mit dem Auto oder auf dem Wanderweg von Vagna (bis dort mit dem Auto), ca. 2 Std.; von dort zum Moncucco, 1896 m, dem Wanderweg folgend, ca. 1 Std. (insgesamt ca. 3 Std.). Nach Villadóssola, man folgt dem Wanderweg nach Casaravera, Colle dei Raffi, Tappia und Valpiana, ca. 5 Std.

Baita Omegna, Rifugio, 1350 m (C6), privat, in Mottarone. Für die Zugänge siehe unter Rif. Gran Baita, welches vom Rifugio Baita Omegna 15 Min. Gehzeit entfernt ist.

C.A.I. Intra, Bivacco, 1530 m (D3), privat, in Pian Cavallone. Weg von der Cappella Fina oberhalb von Miazzina, ca. 1.45 Std. Weg von Cicogna (Val Grande) über Varola und Curgei, ca. 4 Std. Spazierweg zum Rif. Pian Cavallone, 15 Min. Übergang: zum Pizzo Marona, 2051 m, Weg über den Colle della Forcola, 1518 m, ca. 2 Std. Weiter zum M. Zeda, 2156 m, 45 Min.

Corpo Forestale, Bivacco d., 944 m (C2), Unterkunftsmöglichkeit im Val Gabbio, an den süd-östlichen Hängen der P. Mottàc. Zugang: Wanderweg von Le Fornaci, 1344 m (bis dort mit dem Auto von Malesco), über Cortenuovo, La Balma und A. Portaiola, ca. 4 Std.

Fantoli Antonio, Rifugio, 1000 m (C4), CAI Pallanza, auf der rechten Talseite des Valle Grande. Zugang: mit Kfz. von S. Bernardino Verbano. Übergang: zur Cima Corte Lorenzo, 1574 m, Wanderweg, ca. 1.15 Std.

Gran Baita, Rifugio, 1420 m (C6), Privatlokal in Mottarone. Zugänge: auch mit dem Auto von Stresa und von Armeno; Wanderweg von Stresa über Carciano, i Monti und A. Caporale, ca. 4 Std.; Wanderweg von Brughiere, vorbei am Baita Rif. Omegna, ca. 4.15 Std.

Gravellona Toce, Rifugio, 1535 m (C4), CAI Gravellona Toce, bei Cortevecchio. Zugänge: Wanderweg von Gravellona Toce nach Pedemonte, A. Cottini, Olmaine, A. Braitavon und Laisci, ca. 7 Std.; Wanderweg von Ornavasso über Madonna del Boden, A. Frasmatta, Scirombey und Corte di Mezzo, ca. 4 Std.; Wanderweg von Valstrona nach Inuggio, A. Fieno Secco, A. Nuova und La Bocchetta, 1904 m, ca. 4–5 Std.; Wanderweg von Anzola d'Ossola nach Pianezzo Grande, A. Drosone und Cima delle Tre Croci, 1872 m, ca. 6 Std. Übergänge: zum Monte

Massone, 2161 m, Wanderweg über La Bocchetta, 1904 m, ca. 2.30 Std.; zur Cima delle Tre Croci, 1872 m, ca. 1 Std.

Monte Barone, Rifugio, 1610 m (A9), CAI Vallesessera, an den südlichen Hängen des gleichnamigen Berges. Zugänge: von A. le Piane über A. Ranzola zur A. Ponasca, ca. 3 Std.; von Roncole über A. Fondello, A. Buggie und Bocchetta di Ponasca, ca. 5 Std.; auf dem M. Barone, 2044 m, ca. 1 Std.

Pian Cavallone, Rifugio, 1528 m, (D3), CAI Verbano, in Pian Cavallone. Zugänge: von Cicogna (Val Grande), ca. 4 Std.; von Intragna in ca. 3 Std. (siehe auch KOMPASS-Wanderkarte Nr. 90 «Lago Maggiore - Lago di Varese»). Übergänge: zum Pizzo Marona, 2051 m, über den Colle della Forcola, 1518 m, ca. 1.30 Std.; weiter zum Monte Zeda, 2156 m, insgesamt 3.30 Std.

Rondolini, Rifugio, 1250 m (A2-3), C.A.I. Villadóssola, in der Nähe der Cappella di S. Giacomo auf den Anhöhen über Pallanzeno. Zugänge: von Pallanzeno über A. Oraccio, A. Piana, ca. 4 Std.; von Villadóssola über A. Corticcio, A. Baldana, ca. 3.30 Std.; von Seppiana (Valle d'Antrona), ca. 3 Std.

Spanna Osella, Rifugio, 1620 m (A8), Privatlokal, in der Nähe des Bec d'Ovaga. Zugang: von A. Narpone (bis dort mit dem Auto von Crevola Sesia) über Sella di Taglione, A. Fajel und A. la Res, ca. 2.45 Std.

Traglio Adele, Rifugio, 2100 m (A5), Privatlokal in der Nähe des Lago di Capezzone. Zugänge: Wanderweg von Rimella nach Selle, A. Wan, Bocchetta di Campello, 1924 m, und A. Capezzone, ca. 4 Std.; von Campello Monti, am Ende des Valstrona, Wanderweg zur A. Piana di Via und A. Capezzone, ca. 2.30 Std. Übergang: zur Cima Altemberg, 2394 m, Wanderweg, ca. 1 Std.

ANGERA

Gde. (D 8), Prov. Varese, Einw.: 5.456, Höhe: 205 m, Postltz: I-21021. **Auskunft:** Municipio (Gemeindeamt) Angera. **Bahnstation:** Taino-Angera (2 km). Linienbusverkehr, Fähren.

Angera ist ein reizendes Städtchen, das schon in vorgeschichtlicher Zeit Bedeutung hatte. Rund um die Stadt gibt es zahlreiche Ruinen von Palästen, Thermalbädern, Tempeln und Gräbern. Es ist die größte Ortschaft aus römischer Zeit auf der lombardischen Seite des Lago Maggiore. Die Römer nannten es Vico Sebuino; im Mittelalter war die Stadt Sitz einer großen Pfarrei. Später war der Ort im Besitz der Visconti (ca. 1400); Ende des 15. Jh. kam er zum Hause Borromeo. Das hübsche Städtchen am See wird von der mächtigen Burg überragt. Sicht auf Arona am gegenüberliegenden Seeufer (Piemont). In Angera blüht das Strickereihandwerk.

Sehenswert im Ort und in der Umgebung

Die **Rocca von Angera**, eine stolze Burg nördlich des Städtchens. Sie wurde von den Torriani im 14. Jh. auf einer alten Festung der Langobarden erbaut. Gegen Ende des 14. Jh. ging sie an die Visconti über, die den Torre Castellana, von dessen Spitze man ein selten schönes Panorama genießen kann, und den Palast mit dem «Sala Giustizia», der mit prachtvollen Fresken ausgestattet ist, errichten ließen. Ab 1449 war die Rocca Eigentum der Borromeo, die sie erweiterten und zur Wohnung umfunktionierten. Seit 1988 ist das «**Museo della Bambola italiano**» (italienisches Puppenmuseum) darin untergebracht. Ausgestellt sind über tausend Puppen und anderes Spielzug. Nahe der Burg befindet sich eine **vorgeschichtliche Höhle**, die die Römer dem Kult des Gottes Mitra widmeten. Das **Stadtmuseum von Taino** mit Fossilien, Muschelfunden usw. **Ranco**, ungef. 3 km weiter nördlich auf einer Landzunge gelegen, ist von außerordentlicher landschaftlicher Schönheit und ein beliebter Ferienort. Das **Museo Europeo dei Trasporti «Ogliari»**.

Spazierwege und Bergtouren

Nach Ranco, 214 m, vorbei an dem S. Quirico-Kirchlein, ca. 1 Std. Zur Rocca di Angera, 20 Min. S. auch KOMPASS-Wanderkarte Nr. 90 «Lago Maggiore - Lago di Varese».

ARMENO

Gde. (C 7), Prov. Novara, Einw.: 2.082, Höhe: 523 m, Postltz.: I-28011. **Auskunft:** Municipio (Gemeindeamt) Armeno. **Bahnstation:** Orta-Miasino (4 km).

Armeno ist ein lieblicher Fremdenverkehrsort, ideal in Bezug auf Höhe und Klima. Der Ort liegt auf ausgedehnten Wiesen, umgeben von Wäldern, an den südlichen Hängen des Mottarone. Vom Ort genießt man eine herrliche Aussicht auf den Lago d'Orta. Die Umgebung eignet sich zum Wandern.

Sehenswert im Ort und in der Umgebung

Madonna di Luciago, Wallfahrtskirche auf der Straße zum Mottarone. Wertvolle Fresken aus dem 16. Jh. über dem Altar. Die **Pfarrkirche** (Mariä Himmelfahrt) weist deutliche romanische Merkmale auf (1100 ca.). Sie wurde in den Sechziger Jahren restauriert und birgt im Inneren interessante Fresken.

Spazierwege und Bergtouren

Nach Miasino, 479 m, 30 Min. Nach Pettenasco, 299 m, am Ufer des Lago d'Orta, Wanderweg, 45 Min. Nach Coiromonte, 810 m, vorbei an der Cappella di San Giuseppe, ca. 1 Std. Auf den M. del Falò, 1080 m, man folgt dem vorher beschriebenen Weg, ca. 1.30 Std. Zur Madonna di Luciago, 900 m, teilweise auf Wanderweg, ca. 1.30 Std. Auf den Mottarone, 1491 m, mit Kfz. Das gleiche Ziel ist auf einem Wanderweg von A. Valpiana, A. della Volpe aus erreichbar, ca. 3 Std.

ARONA

Gde. (D 8), Prov. Novara, Einw.: 16.380, Höhe: 212 m, Postltz.: I-28041. **Auskunft:** Municipio (Gemeindeamt) Arona. **Bahnstation:** Arona. Linienbusverkehr mit Stresa, Varese usw.; Fährschiffe.

Die bekannte Stadt liegt der Rocca di Angera genau gegenüber auf der Südseite des Lago Maggiore. Der Besucher findet hier herrliche Straßenalleen, große Hotels, Villen, Parks und Paläste vor. Arona ist ein wichtiger Verkehrsknotenpunkt und ein beliebter Kurort. Hier wurde der Hl. Karl Borromäus geboren; die Stadt blickt auf eine bewegte Geschichte zurück, vor allem als sie Besitz mehrerer Herrschaftshäuser war, insbesondere im modernen Zeitalter. Wahrscheinlich war sie römische Station; die erste Nennung erfolgte in Urkunden des 9. Jh.

Sehenswert im Ort und in der Umgebung

Das **Riesenstandbild des Hl. Carlone** kann innen besichtigt werden; es ist 23 m hoch; der Sockel misst 12 m. Das Werk wurde 1697 beendet. Es ist aus Kupferblech und Bronzeteilen gefertigt. Die **Kirche des Hl. Carlo**, auf demselben Platz des Riesenstandbildes mit Gemälden bekannter Meister wie z.B. des Procaccini. Die Kollegiatskirche **Chiesa collegiata di S. Maria** geht auf das Jahr 1400 zurück, wurde aber erst später fertiggestellt. Im 19. Jahrhundert wurde sie restauriert. Im Innern interessante Malereien und Skulpturen. Die **Kirche «S.S. Martiri»**, ein romanischer Bau mit Barockfassade, mit Gemälden von Bergognone und Palma d. Jüngeren.

Spazierwege

Zum Riesenstandbild des Hl. Carlone (Aussicht auf den Lago Maggiore und das gegenüberliegende Angera), 30 Min. Nach Dagnente, 376 m, beliebter Ferienort, vorbei am Riesenstandbild, 1 Std.

BAVENO

Gde. (D 5), Prov. Verbania, Einw.: 4.587, Höhe: 205 m, Postltz.: I-28831. **Auskunft:** Ufficio Turismo (Fremden-verkehrsbüro) Baveno. **Bahnstation:** Baveno. Linienbusverkehr, Schiffahrtslinien.

Herrschaftlicher und ruhiger Kurort am westlichen Ufer des Lago Maggiore im schönen und viel besuchten Golfo Borromeo. Schöne Sicht auf die Inseln Isole Borromee, auf die Landzunge Punta della Castagnola in der Nähe von Pallanza. Der Ursprung des Ortes liegt im Dunkeln; erstmals wurde der Ort im Jahre 1000 in Urkunden erwähnt. Später (um 1400) wurde Baveno Lehen der Borromeo, nachdem es lange Zeit den Visconti gehört hatte.

Sehenswert im Ort

Das **Battistero** (Baptisterium) auf dem Kirchplatz. Es ist ein achteckiger Renaissance-bau mit Fresken (aus dem 15. und 16. Jh.) im Bogengang und in der Kuppel. Die **Pfarr-kirche** der Santi Gervasio e Protasio, mit dem Glockenturm und der Fassade, die auf das 11. Jh. zurückgehen.

Spazierwege und Bergtouren

Zum Mottarone, 1491 m, mit der Seilbahn von Stresa, oder auf einem Wanderweg von «Tranquilla», auf dem man mittels Überführung die Autobahn kreuzt, zum Monte Camoscio, wo die Schutzhütte «Rifugio Papà Amilcare» liegt. Weiter zum Monte Croci-no, zur Alpe Vedabbia und zum Monte Zughero bis zum Ziel, ca. 4.30 Std. Zu den Inseln des Golfo Borromeo (mit Boot oder Fährschiff).

BÉURA-CARDEZZA

Gde. (B 2), Prov. Verbania, Einw.: 1.335, Höhe: 225/2087 m, Postltz.: I-28851. **Auskunft:** Municipio (Gemeinde-amt) Béura-Cardezza. **Bahnstation:** Béura-Cardezza (2 km).

Die Dörfer der Streugemeinde Béura-Cardezza liegen auf der hydrographisch linken Seite des Toceflusses, wenige Kilometer südlich von Domodóssola. Die an geschichtli-chen Zeugnissen reiche Ortschaft liegt eingebettet in eine eigenartig anmutende Land-schaft, die durch die zahlreichen Steinbrüche (weißer und grauer Gneis) charakterisiert wird.

Sehenswert im Ort

Die **Pfarrkirche S. Giorgio** (1200 ca.) in Béura, die einen romanischen Glockenturm besitzt. Das Gebäude wurde schon früher mehrmals umgebaut und in der ersten Hälfte des 19. Jahrhunderts restauriert. Das Innere ist wegen der interessanten Fresken und Wandmalereien (14. Jh.) sehenswert. Der **mittelalterliche** mit Zinnen versehene **Turm** an der Straße nach Cardezza. Das **Schloss der Visconti** (1. Hälfte des 14. Jh.).

Spazierwege und Bergtouren

Der Naturlehrpfad «Storie di pietra». Zur Alpe Corte Vecchia, 1657 m, Weg von Béura über A. Fiesco, Selvaccia, ca. 5 Std. Von dort über A. Menta zur Testa di Menta, 2204 m, und zum Passo della Rolà, 2020 m, ca. 2 Std. Von Cuzzego zur Alpe Coriesco, 1124 m, Bergpfad über Pernetti und A. Orzolo, ca. 3 Std.

BORGOMANERO

Gde. (CD 9), Prov. Novara, Einw.: 18.930, Höhe: 307 m, Postltz.: I-28021. **Auskunft:** Pro Loco (Verkehrsverein) Borgomanero. **Bahnstation:** Borgomanero.

Borgomanero ist ein antiker Ort am Schnittpunkt wichtiger Verkehrslinien. Er liegt an den Ufern des Torrente Agogna und ist ein wichtiges Industriezentrum der Provinz Novara (Textil-, mechanische und Plastikindustrie), das dennoch auch für den Fremdenverkehr interessant ist. Das Städtchen (früher Borgo S. Leonardo) entwickelte sich besonders ab dem Mittelalter. Um 1100 war es von den Grafen von Biandrate abhängig und fiel dann in den Machtbereich Novaras. In diesem Ort fanden 1449 kriegerische Auseinandersetzungen zwischen den Sforza und Savoyen statt.

Sehenswert im Ort

Die **Pfarrkirche** S. Bartolomeo wurde in romanischem Stil erbaut und zur Zeit des Barock stark umgestaltet. Bemerkenswert ist der **Glockenturm** (gotisch). Im Inneren befinden sich interessante Kunstwerke. Der Hauptplatz Martiri della Libertà und die **Statue der Unbefleckten Empfängnis** (18. Jh.). Der **Palazzo Tonielli**. Das **Oratorium S. Giovanni**. Das **Oratorium S. Giuseppe** aus dem 17. Jh. Die romanische **Kirche S. Leonardo** (1100).

BORGOSESIA

Gde. (B 9), Prov. Vercelli, Einw.: 16.220, Höhe: 354 m, Postltz.: I-13011. **Auskunft:** Pro Loco (Verkehrsverein) Città di Borgosesia. **Bahnstation:** Borgosesia.

Dieses Industriezentrum des Valsesia ist einer der größten Orte des Tales. Das Städtchen liegt zum Großteil auf der orographisch linken Seite des Sesia an den Hängen des M. Barone, der sich im Westen erhebt. Die ersten menschlichen Ansiedlungen dieser Gegend scheinen auf das Paläolithikum zurückzugehen. In romanischer Zeit war es bereits ein wichtiger Ort, der von den Grafen von Biandrate und von Vercelli als Festungswerk gegen Novara ausgebaut wurde. Die folgenden steuerlichen Privilegien führten zu einer Änderung des römischen Ortsnamens Seso in Borgo Franco, von dem der heutige Namen abgeleitet wurde. Die Ortschaft war in der Folgezeit im Besitz der Visconti, der Sforza und der Spanier, bevor sie Savoyen zufiel.

Sehenswert im Ort und in der Umgebung

Die **Pfarrkirche SS. Pietro e Paolo**, ein barockes Gebäude, das im 18. und im 19. Jh. umgebaut wurde. Bemerkenswerte Kunstwerke im Inneren. Das **Heiligtum S. Anna**, das 1631 an Stelle einer alten Burg der Herren von Biandrate als Votivgabe der Bevölkerung errichtet wurde, die von der Pest verschont geblieben war. Die Wallfahrtskirche in dominierender Lage auf dem Monte Orione ist auf einem kurzen, zum Teil geschotterten Weg erreichbar, an dem die 13 Kreuzwegkapellen stehen. Das **Museum für Volkskunde und für Sitten und Gebräuche des Valsesia**, mit zahlreichen Originalstücken, Nachbildungen von Räumlichkeiten und Unterlagen, die die Kultur und die Traditionen des Valsesia in all ihren Aspekten wieder aufleben lassen.

Spazierwege und Bergtouren

Zur Jausenstation Gilodi, von Agnona über Pian del Vecchio, Mirabello, A. Maddalene, S. Bernardo und A. Figarolo, ca. 3 Std Auf die Cima Croce, 581 m, von Aranco ca. 45 Min. Nach Quarona, über Maionetta, Rozzo, Bastia und Lovario, ca. 1.45 Std. Nach Quarona, über Maionetta, Rozzo, Bastia und Lovario, ca. 1.45 Std. Nach Postua, von Agnona über Pian del Vecchio und S. Rocco, ca. 1.30 Std.

CESARA

Gde. (C 7), Prov. Verbania, Einw.: 574, Höhe: 499 m, Postltz.: I-28891. **Auskunft:** Municipio (Gemeindeamt) Cesara. **Bahnstation:** Omegna (7 km).

Dieser liebliche Fremdenverkehrsort liegt auf dem Hügelgelände, das im Westen das Becken von Cùsio umgibt und am Fuße des M. Mazzone liegt. Cesara lädt zum Ausruhen ein und bietet Wanderungen sowohl im Hügelgelände, als auch im Mittelgebirge.

Sehenswert im Ort und in der Umgebung

Die **Pfarrkirche** S. Clemente ist ein romanisches Gebäude, das in der Folge mehrmals umgebaut wurde. Das Innere enthält wertvolle Fresken aus dem 15. Jh. Das **Oratorium S. Lorenzo**.

Spazierwege und Bergtouren

Nach Nonio, Wanderweg, ca. 1 Std. Nach Arola, über Serra, 811 m, bis dort 1 Std.; insgesamt ca. 2.30 Std. Rundwanderung über Serra, A. Grotaccio, A. Previano, A. Berro und A. della Sella, ca. 5 Std. Auf den Massucco, 1181 m, über Serra, A. Grotaccio, A. Previano und A. del Rosso, ca. 4 Std.

CRAVAGLIANA

Gde. (A 6), Prov. Vercelli, Einw.: 450, Höhe: 615 m, Postltz.: I-13020. **Auskunft:** Municipio (Gemeindeamt) Cravagliana. **Bahnstation:** Varallo (9 km).

Diese Ortschaft, eine der ältesten des Val Mastallone, liegt an der Straße am Talboden auf der orographisch linken Seite des Mastallone. Das Tal zeichnet sich durch seine charakteristischen landschaftlichen Schönheiten aus (bekannt ist die «orrido della Gula» = Schlucht).

Sehenswert im Ort und in der Umgebung

Die **Pfarrkirche** enthält wertvolle Fresken und Gemälde. Das **Oratorium S. Rocco**. Die **«Orrido della Gula»** mit der Steinbrücke, die wahrscheinlich langobardischen Ursprungs ist.

Spazierwege

Zum Santuario del Tizzone (Wallfahrtskirche), über Cà Giulia und Colla, ca. 2 Std.

DOMODÓSSOLA

Gde. (B 1), Prov. Verbania, Einw.: 18.677, Höhe: 272 m, Postltz.: I-28845. **Auskunft:** Associazione Pro Loco (Verkehrsverein) Domodóssola. **Bahnstation:** Domodóssola. **Bergbahnen:** Sessellifte, Skilifte (Alpe Lusentino).

Domodóssola gilt als Hauptstadt der oberen ossolanischen Region und ist attraktiver Mittelpunkt des nördlichen Abschnittes der Provinz Verbano-Cùsio-Ossola. Domodóssola liegt in der Toceniederung; in der Nähe münden zahlreiche Bäche und Flüsse in den Toce. Der Horizont wird von der Alpenkammlinie – die gleichzeitig Staatsgrenze ist – begrenzt. Von den Berggipfeln sticht besonders der mächtige Weissmies hervor, der nur einer unter den zahlreichen Viertausendern in diesem Abschnitt ist. Das bedeutende Städtchen beherbergt viele Dienstleistungs- und Handwerksbetriebe, was in erster Linie auf seine geographische Lage an wichtigen Straßen- und Bahnverbindungen in die Schweiz und in die Staaten Mitteleuropas zurückzuführen ist. Domodóssola war schon in vorrömischer Zeit der Hauptort der Leponzi und wurde später unter dem Namen «Oscela Lepontiorum» in die Römische Provinz Ossola eingegliedert. Allmählich veränderte sich der Namen zu «Domus Oxulae», das zunächst Besitz der Langobarden, dann des Fürstbischofs von Novara, der Visconti, der Walliser und schließlich der Sforza und der Spanier wurde. Erst spät kam das Städtchen in den Besitz des Hauses Savoyen (1. Hälfte des 18. Jh.). In der Zeit des Widerstandes gegen den Faschismus nahm Domodóssola, wie die gesamte ossolanische Region, aktiv an der Befreiung vom nazistischen Joch teil und wurde für eine ganz kurze Zeit Sitz der Republik Val d'Ossola. Seine Bauten im Zentrum weisen zahlreiche, architektonisch und urbanistisch interessante Baudetails auf. Die landschaftlich reizvolle Umgebung in der noch unberührten Bergwelt lädt die Wanderer zu herrlichen Wanderungen und Touren ein. An den südwestlichen Abhängen der Alpe Lusentino liegt ein kleines, aber gut ausgestattetes Wintersportzentrum, wo die verschiedensten Wintersportarten ausgeübt werden können. Siehe auch unter Bognanco und unter den Gemeinden der benachbarten Täler Anzasca, Formazza, Divedro, Vigezzo, Antrona und Antigorio.

Sehenswert im Ort und in der Umgebung

Der typische **Marktplatz**, Mittelpunkt des Altstadtkerns, auf dem einige wertvolle Gebäude und Laubengänge des 15. und 16. Jh. zu finden sind. Der **Bischofspalast**, der vom charakteristischen **Turm «Torre di Briona»** (14. Jh.) überragt wird. Die **Kollegiatskirche S. Gervasio e S. Protasio** aus dem 9. Jh. wurde in der 2. Hälfte des 15. Jh. erneuert. Der **Silva-Palast** ist ein typisches Beispiel der alpinen Renaissance; er beherbergt heute das **historisch-ethnographische Museum**. Die **Kirche Madonna della Neve** aus dem 14. Jh. mit dem angebauten Glockenturm (15. Jh.). Die antike **Kirche S.S. Quirico e Giuditta** (9./10. Jh.). Der **S. Francesco-Palast**, Sitz der Fondazione Galletti (beachtliche Bibliothek). Der Kalvarienberg Sacro Monte Calvario mit den **Kapellen der Via Crucis**, seit 1991 besonderes Naturreservat der Region Piemont.

Spazierwege und Bergtouren

Zum Sacro Monte Calvario, 413 m, von der Via Rosmini, ca. 30 Min. Zur Alpe Lusentino, ca. 1000 m. Wanderweg von Vagna (bis dorthin mit Kfz.), ca. 2 Std. Von der Alpe Lusentino auf den Gipfel des Moncucco, 1896 m, mit herrlichem Ausblick auf das Ossolagebiet, Wanderweg über die A. Torcello, ca. 2.30 Std. Nach Villadóssola ab Vagna, über die Alpe Lusentino, Casaravera, Colle dei Raffi, Campaccio, Tappia, Valpiana und Murata, ca. 7/8 Std. Für weitere Spazierwege und Bergtouren siehe auch unter Bognanco.

DRUOGNO

Gde. (C 1), Prov. Verbania, Einw.: 971, Höhe: 836 m, Postltz.: I-28853. **Auskunft:** Pro Loco (Verkehrsverein) Druogno. **Bahnstation:** Druogno. **Bergbahnen:** Skilift.

Das anmutige Bergdorf Druogno erstreckt sich entlang der Talstraße, die auf der hydrographisch rechten Seite des Torrente Melezzo occidentale verläuft. Einer Sage nach soll der Name des Ortes von den Bewohnern aus grauer Vorzeit stammen. Die Pestepidemien im 16. und 17. Jh., die dieses Tal heimsuchten, scheinen diese Bewohner ausgerottet zu haben. Die Ortschaft, die inmitten einer ruhigen und grünen Landschaft liegt, eignet sich hervorragend für erholsame Aufenthalte, besonders im Sommer, wenn viele Wandermöglichkeiten bestehen. Im Winter kann man verschiedene Sportarten ausüben, da sich in der Nähe das Wintersportzentrum der Piana di Vigezzo befindet und die Umgebung von Druogno mit Skiliften ausgestattet ist.

Sehenswert im Ort und in der Umgebung

Die **Pfarrkirche S. Silvestro** (17.–18. Jh.); im Inneren sind einige Malereien aus dem 16. Jh. zu sehen. Die **Pfarrkirche** in Coimo, die bereits im 12. Jh. bestand und im 16. Jh. wieder neu erbaut wurde. Das **Oratorium S. Rocco** in Sagrogno mit Fresken aus dem 15. Jh.

Spazierwege und Bergtouren

Rundwanderung über A. Braghi, um den M. Mater, 2026 m, bis auf Höhe 1977 und dann Abstieg durch Costa Regada nach Piodabella und Albogno, insgesamt ca. 7 Std. Nach Campra, 1379 m, auf der gegenüberliegenden Talseite, über Rodo, A. Rosso, ca. 2 Std.

GOZZANO

Gde. (C 8), Prov. Novara, Einw.: 5.957, Höhe: 367 m, Postltz.: I-28024. **Auskunft:** Municipio (Gemeindeamt) Gozzano. **Bahnstation:** Gozzano.

Gozzano entstand in vorrömischer Zeit. Der antike Ortsteil mit seinen engen, gewundenen Gassen liegt am Fuße des Hügels, auf dem sich das «Castello», in alter Zeit Befestigungsanlage und Aussichtswarte, in den letzten Jahrhunderten religiöse Zitadelle, erhebt. Die Ortschaft weist einige beachtliche Industrieanlagen auf und dehnt sich inmitten der Endmoränen des Lago d'Orta aus.

Sehenswert im Ort und in der Umgebung

Die barocke **Pfarrkirche S. Giuliano** wurde auf dem Platz eines vorher bestehenden romanischen Gebäudes errichtet. Der **Palazzo vescovile** (13. Jh.). Der «Palazzo della Comunità» aus dem 16. Jh., auch **Ticial** genannt, mit Bischofswappen aus dem 17. u. 18. Jh. Die eklektische **Kirche S. Lorenzo** und die **Kirche Santa Maria di Luzzara**, mit Fresken aus dem 16. Jh. Panoramastelle: die Kapelle **Madonna della Guardia** in der Siedlung Bugnate, mit prachtvollem Ausblick auf den Lago d'Orta.

GRAVELLONA TOCE

Gde. (C 5), Prov. Verbania, Einw.: 7.801, Höhe: 211 m, Postltz.: I-28883. **Auskunft:** Pro Loco (Verkehrsverein) Gravellona Toce. **Bahnstation:** Gravellona Toce.

Es handelt sich um einen bedeutenden Industrieort im unteren Valle d'Ossola. Er breitet sich an den Ufern des Strona, nicht weit von dessen Zusammenfluss mit dem Toce, aus. Vom Ort aus, der auf dem Weg zwischen dem Lago d'Orta und dem Lago Maggiore liegt, sind einige schöne Wanderungen möglich.

Sehenswert im Ort

Die **Kirche S. Maurizio** (ca. 1100), romanisch geprägt. Sie wurde mit dem Baumaterial eines römischen Gebäudes errichtet, das hier früher bestand. Das **Museum** mit den Funden von Ausgrabungen, die entlang der Römerstraße zum Simplon-Pass gemacht wurden. Das **Minimuseo archeologico «F. Pattaroni»** umfasst eine reichhaltige Sammlung an Bildern und Fotos der archäologischen Funde von Pedemonte di Gravellona Toce, Gerätschaften und naturkundlichen Fundstücken.

Spazierwege und Bergtouren

Auf den M. Zughero, 1230 m, über die Anhöhen im Südosten der Ortschaft, ca. 4 Std. Zum Ort Prato delle Piode, 651 m, von Pedemonte, ca. 1.15 Std. Auf die A. Minerola, 1404 m, über Crebbia und Arzo, ca. 4 Std. Weiter zum Poggio Croce, 1765 m, insgesamt ca. 5.30 Std. Nach Ornavasso über Prato delle Piode, A. Cottimi, Olmaine und A. Faramboda, ca. 6 Std.

INVORIO

Gde. (D 8), Prov. Novara, Einw.: 3.749, Höhe: 320/712 m, Postltz.: I-28045. **Auskunft:** Municipio (Gemeindeamt) Invorio. **Bahnstation:** Bolzano Novarese (4 km).

Die Fraktionen dieser Gemeinde liegen auf den hügeligen Erhebungen, die das Becken des Lago d'Orta von dem des Lago Maggiore trennen. Die Umgebung lädt zum Wandern ein.

Sehenswert im Ort und in der Umgebung

Die **Reste des Castello** (12.–14. Jh.). Die **Pfarrkirche S.S. Pietro e Paolo** aus dem 17. Jh. In der Ortschaft Barro, 581 m, das **Oratorium del Monte Barro**, auch als «**Chiesetta del Barro**» bekannt, das die Visconti im Jahr 1484 erbauen ließen; weites Panorama der drei Seen d'Orta, Maggiore und Varese.

Spazierwege und Bergtouren

Nach Ameno, über Cà Nova und Barro, 1 Std. Auf den M. la Guardia, 830 m, über Colazza, insgesamt ca. 2 Std. Nach Arona, am Ufer des Lago Maggiore, über Molino della Valle, C. Cantarana, ca. 1.30 Std.

LESA

Gde. (D 7), Prov. Novara, Einw. 2.318, Höhe: 198 m, Postltz.: I-28040. **Auskunft:** Municipio (Gemeindeamt) Lesa. **Bahnstation:** Lesa.

Das reizende Städtchen breitet sich am Piemonteser Ufer des Lago Maggiore aus, am Fuße hügelartiger Erhebungen nicht weit vom Schwemmland des Erno-Baches. Der Ferienort, der inmitten einer herrlichen Landschaft liegt, gehörte einst dem Bistum Ambrosiano, wurde später dem Besitz der Visconti und der Borromeo einverleibt.

Sehenswert im Ort und in der Umgebung

Die Ruinen des alten **Castello di Lesa**. Die **Pfarrkirche** (18. Jh.) ist dem Hl. Martin geweiht; sie birgt interessante Fresken und Gemälde. Der **Palazzo Stampa** in neuklassischem Stil. Die **romanische Kirche S. Sebastiano** an der Straße, die nach Massimo Visconti führt; nahezu vollständig erhalten. **Villa Cavallini**, zu Beginn des 20. Jh. anstelle einer alten Burg entstanden.

Spazierwege

Nach Solcio, man kommt nahe den Ruinen des Castello di Lesa vorbei, ca. 45 Min. Nach Belgirate, 198 m, dem Weg oberhalb der Bahn folgend, ca. 20 Min.

MADONNA DEL SASSO

Gde. (C 7/8), Prov. Verbania, Einw.: 450, Höhe: 360/1185 m, Postltz.: I-28894, **Auskunft:** Pro Loco (Verkehrsverein) Boleto und Madonna del Sasso. **Bahnstation:** Gozzano (11 km). **Schiffahrt:** Linienverkehr auf dem Lago d'Orta.

Die zur Gemeinde gehörenden Weiler Boleto (Hauptort), Artò und Centonara, die sich in lieblicher Lage über Ebenen und Hänge erstrecken, zeichnen sich durch ihren Panoramablick zum Cùsio-Becken aus, während Piana dei Monti in 11 km Entfernung vom Hauptort auf der Seite des Valsesia liegt. Madonna del Sasso eignet sich speziell für einen Sommerurlaub, da die weiten Landstriche den Tourengehern zahlreiche Möglichkeiten für Ausflüge jeder Art bieten.

Sehenswert im Ort und in der Umgebung

Die **Wallfahrtskirche Madonna del Sasso** in prachtvoller Panoramalage am Lago d'Orta ist ein Barockbau aus dem 18. Jh. mit dem Grundriss eines griechischen Kreuzes. Im Inneren wertvolle Fresken und Gemälde des Peracino di Bosco Cellio, sowie eine Kreuzesniederlegung von Fermo Stella von 1547. Erwähnenswert ist auch ein hölzernes

Kruzifix aus dem 17. Jh. Eine **alte Mühle** aus dem 19. Jh. befindet sich in der Via Salvetti im Weiler Centonara.

Spazierwege und Bergtouren

Zur Wallfahrtskirche, von Boleto ca. 15 Min. Nach Piana dei Monti über Farauda, Alpe Cambocciolo und Cappella del Turlo, 1.30 Std. (Markierung 757). Zum Monte Briasco, 1185 m, über San Giulio, Alpe Lauger, Alpe Benne, Taia Quadra und Sella di Crosigia, 2.30 Std. Variante zum Monte Briasco über Farauda, Piccone, Alpe Cambocciolo, Soliva und Sella del Gallo, 2.30 Std. Nach Pella, über Centonara und Ventraggia, 1 Std.

MIASINO

Gde. (C 7), Prov. Novara, Einw.: 895, Höhe: 479 m, Postltz.: I-28010. **Auskunft:** Pro Loco (Verkehrsverein) Miasino. **Bahnstation:** Orta-Miasino (2 km).

Der anmutige Ort liegt auf einem Hügel in schöner geographischer Lage und bietet einen herrlichen Ausblick auf die darunterliegende Lago d'Orta. Die Ortschaft beherrscht vor allem das Vorgebirge des Sacro Monte. Dieser sehr geschätzte Sommerfrischeort zeichnet sich durch seine baulichen Eigenheiten aus. Die Umgebung lädt zu Spaziergängen und Wanderungen ein.

Sehenswert im Ort und in der Umgebung

Die **Pfarrkirche S. Rocco** aus dem 17. Jh. wurde auf einem früheren Kultgebäude errichtet. Das Innere mit barockem Anstrich birgt bedeutende Kunstwerke. Das **Ossarium** aus dem 18. Jh. **Villa Nigra** (16. Jh.). Das **Oratorium S. Maria** aus dem 18. Jh. Die **Pfarrkirche** von Pisogno.

Spazierwege und Bergtouren

Nach Pisogno, 497 m, 15 Min. Weiter auf den M. Formica, 779 m, insgesamt 1 Std. Auf den M. La Guardia, 830 m, über Scullera, ca. 1.45 Std. Nach Armeno, 523 m, ca. 30 Min. Nach Ameno, 517 m, ca. 30 Min.

MIAZZINA

Gde. (D 4), Prov. Verbania, Einw.: 395, Höhe: 721 m, Postltz.: I-28817. **Auskunft:** Municipio (Gemeindeamt) Miazzina. **Bahnstation:** Verbania Pallanza (15 km).

Der hübsche Ort im Hinterland von Verbania breitet sich zwischen grünen Hügeln aus, die von zahlreichen kleinen Bächen durchzogen sind. Von Miazzina und seiner Umgebung genießt man ein herrliches Panorama, das vom Verbano bis hin zur Alpenkette reicht. Der Ort ist von seinem antiken und originellen Stadtzentrum geprägt. In der Umgebung kann man gesunde und erholsame Wanderungen und Spaziergänge unternehmen.

Sehenswert im Ort

Das **Alpinidenkmal** (Gebirgsjäger).

Spazierwege und Bergtouren

Zur Alpe Pala (schöner Aussichtspunkt), ca. 30 Min. Weiter zum Alpinidenkmal, ca. 1.15 Std. Zum Pian Cavallone, 1564 m, teilweise dem vorherigen Wegverlauf folgend, nach dem Alpinidenkmal führt der Weg den Bergkamm entlang bis zum Ziel (in der Nähe das Rif. Pian Cavallone und das Biv. C.A.I. Intra, s. dort).

MONTESCHENO

Gde. (A 2), Prov. Verbania, Einw.: 445, Höhe: 350/2451 m, Postltz.: I-28843. **Auskunft:** Municipio (Gemeindeamt) Montescheno. **Bahnstation:** Villadóssola (4 km).

Die Fraktionen dieser ausgedehnten Gemeinde liegen im Val d'Antrona auf den Anhöhen zur hydrographisch linken Seite des Torrente Ovesca. Das Gebiet ist für den Fremdenverkehr kaum erschlossen, bietet aber abwechslungsreiche Wander- und Ausflugsmöglichkeiten inmitten einer herrlichen Berglandschaft.

Spazierwege und Bergtouren

Nach La Colma, Wanderung über Daronzo und Sogno, ca. 3 Std. Auf den Colle del Pianino, 1620 m, Wanderung von Sasso nach A. Groppo und Alpi Sogno, ca. 3 Std. Von Colle del Pianino aus besteht die Möglichkeit, die Gemeinde Bognanco zu erreichen; Wanderweg über A. Manzano und Pioi, nach S. Marco, ca. 2.30 Std. (insgesamt ca. 6 Std.). Rundwanderung von Daronzo über Sogno, La Colma, A. Boccarelli, Alpi Sogno, Carnona; dann Abstieg nach Sasso, ca. 3 Std. Zur Cima Camughera, 2249 m, Wanderung von Sasso über A. Groppo, A. Vanzone, Passo d'Arnigo, 1990 m, ca. 4 Std. Auf den Moncucco, 1896 m, Wanderweg von Daronzo über Sogno, La Colma, A. Boccarelli, Alpi Sogno, Colle del Pianino, 1620 m, dort Aufstieg zum Ziel, insgesamt 6/7 Std.

OMEGNA

Gde. (C 6), Prov. Verbania, Einw.: 15.500, Höhe: 295 m, Postltz.: I-28887. **Auskunft:** Pro Loco (Verkehrsverein) Omegna. **Bahnstation:** Omegna.

Die Stadt liegt in günstiger Lage am nördlichen Ufer des Lago d'Orta und verteilt sich auf beide Seiten des Canale Nigoglia, der natürliche Ausfluss des Sees, der kurz danach in den Strona mündet. Omegna ist in baulicher Hinsicht interessant und ist wichtig für die Industrie und den Tertiärsektor von Novara. Zur Zeit der Römer hieß der Ort Voeménia. Er wurde im Mittelalter befestigt, wurde dann zur freien Gemeinde und unterstand in der Folge verschiedenen Herrschaften. In der ersten Hälfte des 18. Jh. wurde der Ort ein Teil des Königreiches Sardinien. Während der Widerstandsbewegungen beteiligte sich der Ort am Kampf gegen die Nazis.

Sehenswert im Ort

Die zentrale **Piazza XXIV Aprile**, welche von Gebäuden aus verschiedenen Epochen umgeben wird. Der **Palazzo Municipale** aus dem 19. Jh. Die **Casa dei Bazzetta de Vemania**. Einige **Ansitze** aus verschiedenen Epochen. Die **Kollegiatskirche S. Ambrogio** aus dem 13. Jh. enthält interessante Kunstwerke. Das **Baptisterium**. Die **Casa Francia** im Barockstil. Das **Forum di Omegna**, das von der Stiftung Museo Arti ed Industria geleitet wird, ist ein Mehrzweckzentrum für Forschungsarbeiten zur Industriegeschichte von Cusio und deren Dokumentation. Die Niederlassung des Forums, die sich in den früheren Stahlwerken Cobianchi befindet, umfasst die **Collezione Museale Permanente** - eine geschichtliche, volkskundliche und dokumentarische Sammlung, die die Produktion der Haushaltsgeräte von Cùsio belegt - und eine Ausstellungshalle, in der bedeutende Wanderausstellungen der Kunst und des Industrie-Designs zu sehen sind.

SPAZIERWEGE UND BERGTOUREN

Auf den Mottarone, 1491 m (in der Nähe die Schutzhütten Baita Omegna und Gran Baita, siehe dort), Ausblick auf die Seen des Gebietes und auf das untere Valle d'Ossola,

Ronchetti, A. del Barba und l'Omo, 1239 m, ca. 4 Std. Zum «Oratorio del Fontegno», über Inselvi und Cireggio, ca. 1.15 Std.

ORNAVASSO

Gde. (C 4), Prov. Verbania, Einw.: 3.309, Höhe: 215 m, Postltz.: I-28877. **Auskunft:** Municipio (Gemeindeamt) Omegna. **Bahnstation:** Ornavasso.

Ornavasso ist sehr alten Ursprungs und dehnt sich in der Ebene des Toce aus, auf der orographisch rechten Seite desselben, im unteren Valle d'Ossola. Zuerst fand eine Besiedlung durch Gallier statt, im Mittelalter besiedelten die Bewohner der umliegenden Täler diese Gegend, wovon einige Ortsnamen Zeugnis ablegen. Die Erforschung einer Grabstätte hat wichtige Funde aus der ligurisch-römischen Zeit gebracht. Funde aus jener Zeit sind im Museum von Pallanza zu sehen.

Sehenswert im Ort

Die **Pfarrkirche S. Nicola**, ein Gebäude aus dem 16. Jh. mit bedeutendem Glockenturm. Die **Chiesa della Madonna della Guardia** aus dem 17. Jh. mit einem Glockenturm, der bereits im Mittelalter als Aussichtsturm diente.

Spazierwege und Bergtouren

Zum Rifugio Gravellona Toce (siehe dort). Zum Rifugio Fantoli, von Albo über Vercio und Ruspesso, ca. 3 Std. Auf den M. Massone, 2161 m, über Madonna del Boden, Laisci und La Bocchetta, 1904 m, ca. 6/7 Std. Auf die Cima delle Tre Croci, 1872 m, über Madonna del Boden, A. Frasmatta, Rossonbolmo, ca. 5.30 Std. Zum Poggio Croce, 1765 m, über A. Faramboda, Olmaine und M. Cerano, 1242 m, ca. 6 Std. Auf die Cima Corte Lorenzo, 1574 m, von Albo über A. Fontana, ca. 5 Std.

ORTA SAN GIULIO

Gde. (C 7/8), Prov. Novara, Einw.: 1.225, Höhe: 294 m, Postltz.: I-28016. **Auskunft:** Municipio (Gemeindeamt) Orta San Giulio. **Bahnstation:** Orta-Miasino (2 km).

Orta San Giulio ist ein malerisches und charakteristisches Dorf am Ostufer des Lago d'Orta; es breitet sich an der Westseite der Sacromonte-Halbinsel aus und blickt direkt zur S. Giulio-Insel. Das ganze Gebiet zeichnet sich durch seine typischen Gebäude aus. Früher war der Ort Sitz der «Comunità della Riviera di S. Giulio». Heute ist das Dorf ein geschätzter und vielbesuchter Fremdenverkehrsort.

Sehenswert im Ort und in der Umgebung

Der **Palazzo della Comunità** aus dem 16. Jh. Die **Kirche S. Bernardino** (15. Jh.) wurde im 17. und 18. Jh. umgebaut. **Palazzo Fortis-Penotti**, neuklassisch. Der **Palazzo Gemelli** aus dem 16. Jh. Die **Häuser Giani und Margaroni** (15. und 16. Jh.). Die **Pfarrkirche** S. Maria Assunta wurde im 15. Jh. erbaut; sie wurde teilweise im 18. Jh. umgeändert und besitzt barocke Stukkaturen und Gemälde.

Die Wallfahrtskirche **Santuario del Sacro Monte** zählt zu den berühmtesten der Provinz Novara und des Piemont im allgemeinen. Sie liegt auf den Erhebungen, die die gleichnamige Halbinsel beherrschen und ist dem Hl. Franziskus geweiht. Das Gebäude besteht aus 20 Kapellen, die zwischen dem 16. und 18. Jh. errichtet wurden. Die **S. Giulio-Insel** mit Blick auf Orta S. Giulio zeichnet sich durch die landschaftliche Schönheit aus. Bermerkenswert ist die sehr alte romanische **Basilika S. Giulio**. Sie wurde zwischen 800 und 1100 errichtet und umgebaut. Auch in späterer Zeit wurde sie umgebaut. Im

Inneren befinden sich wertvolle Kunstwerke. Der **Palazzo dei Vescovi** (14. Jh.). Das **Ex-Seminar** an der Stelle eines früheren Schlosses.

Ausflug

Mit dem Boot zur S.-Giulio-Insel.

PALLANZENO

Gde. (B 2/3), Prov. Verbania, Einw.: 1.207, Höhe: 228 m, Postltz.: I-28884. **Auskunft:** Municipio (Gemeindeamt) Pallanzeno. **Bahnstation:** Pallanzeno.

Das kleine ossolanische Zentrum liegt in der Toceniederung, wenige Kilometer südlich von Villadóssola. In diesem Ort wurde der Naturalist Michele Silvetti (1746) geboren, der ein großes naturhistorisches Werk aus dem Französischen übersetzte. Schon in der Vergangenheit war Pallanzeno eng mit der Geschichte des unteren Ossolatales – vor allem mit Vogognó – verbunden. Einige alte Ansitze im historischen Kern und in der Umgebung weisen interessante bauliche Merkmale auf; sie wurden mit Gneisquadern erbaut, die man aus den nahen Steinbrüchen holte.

Sehenswert im Ort

Die **Pfarrkirche S. Pietro**; ihr romanischer **Kirchturm** ist der Rest eines Seitentraktes eines früheren Sakralbaus, der später barocke Züge erhielt. Der **Silvetti-Palast** weist schöne architektonische Details auf, so den Hof mit den eleganten Arkaden.

Spazierwege und Bergtouren

Zur S. Giacomo-Kapelle (in der Nähe das Rif. Rondolini), Wanderweg über Al Passet, A. Vancone, A. Baldana, ca. 3.30 Std. Nach Villadóssola, Wanderweg über Al Passet, A. Corticcio, dann Abstieg zum Ziel, ca. 3 Std.

PARUZZARO

Gde. (D 8), Prov. Novara, Einw.: 980, Höhe: 334 m, Postltz.: I-28040. **Auskunft:** Pro Loco (Verkehrsverein) Paruzzaro. **Bahnstation:** Arona (5 km).

Der Ort liegt an der Straße, welche den unteren Bereich des Lago d'Orta mit dem westlichen Teil des Lago Maggiore verbindet. Die Umgebung, die sich durch besondere landschaftliche Schönheit auszeichnet, lädt zu Spaziergängen im Hügelgelände ein.

Sehenswert im Ort und in der Umgebung

Die romanische **Kirche S. Marcello** (1000 ca.) Die **Pfarrkirche S. Siro** mit barocken Dekorationen. Der Naturpark **Parco Naturale dei Lagoni di Mercurago.**

Spazierwege

Nach Mercurago, durch den Naturpark, 1 Std.

PELLA

Gde. (C 7), Prov. Novara, Einw.: 1.390, Höhe: 305 m, Postltz.: I-28010. **Auskunft:** Municipio (Gemeindeamt) Pella. **Bahnstation:** Gozzano (9 km).

Der liebliche Fremdenverkehrsort liegt an der Westküste des Lago d'Orta auf dem vom Pellino aufgeschütteten Delta. Es ist ein sehr alter Ort und für den Fremdenverkehr von Interesse.

Sehenswert im Ort

Die **Steinbrücke** aus dem 16. Jh. Der mittelalterliche **Turm.** Antike Gebäude im alten Dorfkern.

Spazierwege und Bergtouren

Nach Ronco inferiore über Egro und Grassona, ca. 2.30 Std. Zum Santuario della Madonna del Sasso, über Centonara, Artò und Boleto (teilweise entlang der Straße), ca. 2.30 Std. Nach Arola, Wanderweg, ca. 1 Std.

PETTENASCO

Gde. (C 7), Prov. Novara, Einw.: 1.310, Höhe: 299 m, Postltz.: I-28028. **Auskunft** (im „Casa Medievale»): Fremdenverkehrsorganisationen I.A.T. Informazioni e Accoglienza Turistica - Associazione Turistica „Pettenasco Nostra» - Consorzio Cùsio Turismo. **Bahnstation:** Pettenasco.

Der Ort liegt am Ostufer des Lago d'Orta mit Sicht auf den Sacro Monte für diejenigen, die von Omegna kommen, an der Stelle, wo der Pescone in den Lago d'Orta mündet.

Sehenswert im Ort und in der Umgebung

Die **Pfarrkirche**, die S. Caterina geweiht ist (18. Jh.), wurde an der Stelle einer romanischen Kirche erbaut. Im Inneren interessante Gemälde aus dem 18. Jh. Wertvoller romanischer **Glockenturm**. Pettenasco ist der Ort des Cusiano-Gebietes, von dem die ältesten Urkunden erhalten sind: im Palazzo del Comune (19. Jh.) sind ein **langobardisches Schriftstück** aus dem Jahr 892 (in dem der Ort erwähnt wird), sowie Funde und Münzen aus dem 1. und 2. Jh. verwahrt. Das **Museo dell'Arte della Tornitura del Legno** (Holzhandwerksmuseum) ist in einer alten Drechslerwerkstatt am Mühlbach eingerichtet und gehört zum Öko-Museum Lago d'Orta e Mottarone.

Spazierwege

Nach Armeno auf dem Wanderweg, 45 Min. (von dort aus sind weitere Ausflüge möglich). Nach Agrano, über C. Martello, Pratolungo und Casere, ca. 1.15 Std.

PIEDIMULERA

Gde. (B 3), Prov. Verbania, Einw.: 1.693, Höhe: 247 m, Postltz.: I-28885. **Auskunft:** Municipio (Gemeindeamt) Piedimulera. **Bahnstation:** Piedimulera.

Das Dorf liegt im mittleren Abschnitt des Valle d'Ossola an der Einmündung des Valle Anzasca. Es dehnt sich zur Linken die Anza, am Rande der Ebene des Toce, aus. Der Ort bietet interessante Kunstwerke und die Umgebung eignet sich für Wanderungen.

Sehenswert im Ort

Die **Pfarrkirche**, neuklassisch geprägt, aus der 2. Häfte des 18. Jh. Auf dem Piazza Mercato erheben sich einige interessante Gebäude: **Casa Testoni**, ca. 1600, **Casa Torre** aus dem 16. Jh.

Spazierwege und Bergtouren

Auf die Testa del Frate, 1258 m, über Cimamulera, A. Ceresole und A. Propiano, ca. 3.30 Std. Zur Cappella di S. Giacomo, dem vorher beschriebenen Weg folgend, weiter über die A. Piana (in der Nähe der Kapelle befindet sich das Rifugio Rondolini), ca. 4.30 Std. Nach Viezza, 921 m, über A. la Villa und A. Pozzuolo, ca. 3 Std.

POSTUA

Gde. (AB 9), Prov. Vercelli, Einw.: 565, Höhe: 459 m, Postltz.: I-13010. **Auskunft:** Municipio (Gemeindeamt) Postua. **Bahnstation:** Borgosesia (10 km).

Das kleine Dorf liegt auf der orographisch rechten Seite des Strona und ist ein bekannter Fremdenverkehrsort. Die Umgebung lädt zu erholsamen und aussichtsreichen Spaziergängen ein.

Sehenswert im Ort und in der Umgebung

Die **Pfarrkirche** aus dem 17. Jh. enthält interessante Fresken und Holzschnitzereien. Die Wallfahrtskirche **Santuario dell'Addolorata** (16. Jh.) wurde im 18. Jh. umgebaut.

Spazierwege und Bergtouren

Nach Pian del Vecchio, 616 m, über S. Rocco und le Sacche, 45 Min. Zur Jausenstation Gilodi, über Morticina, Raune, A. Maddalene, S. Bernardo und A. Figarolo, ca. 2.30 Std. Auf den M. Barone, 2044 m, über Roncole, A. Fondelli, A. Bugge, Bocchetta di Ponasco und Rifugio M. Barone (siehe dort), insgesamt ca. 6 Std.

PREMOSELLO CHIOVENDA

Gde. (B 3), Prov. Verbania, Einw.: 2.072, Höhe: 222 m, Postltz.: I-28803. **Auskunft:** Municipio (Gemeindeamt) Premosello Chiovenda. **Bahnstation:** Premosello Chiovenda.

Diese Ortschaft (früher nur Premosello genannt) liegt im mittleren Valle d'Ossola zwischen der Ebene des Toce und den Hängen, die von der Punta delle Pecore abfallen. Der Name des Ortes geht auf G. Chiovenda, einem Rechtsgelehrten zurück, der hier in der zweiten Hälfte des vorigen Jahrhunderts geboren wurde.

Sehenswert im Ort und in der Umgebung

Die **Pfarrkirche**, die von einem alten **Turm**, der heute als Glockenturm dient, flankiert wird. Die Brücke **Ponte di Luvet.**

Spazierwege und Bergtouren

Der Naturlehrpfad „Vivere in salita». Auf die A. La Motta, 1077 m, über A. Lut und A. La Piana, ca. 3 Std. Spazierweg nach Colloro, 523 m, ca. 1 Std.

QUARNA SOTTO

Gde. (C 6), Prov. Verbania, Einw.: 438, Höhe: 802 m, Postltz.: I-28896. **Auskunft:** Municipio (Gemeindeamt) Quarna Sotto. **Bahnstation:** Omegna (7 km).

Dieser kleine Ort liegt auf einer Hochfläche am südöstlichen Abhang des M. Mazzocone. Er ist ein geschätzter Sommerfrischeort. Zudem ist er wegen der handwerklichen Fertigung von Musikinstrumente bekannt. Die Umgebung eignet sich zu Spaziergängen in einer ruhigen Landschaft.

Sehenswert im Ort

Das **Museum für Volkskunde und Blasinstrumente** mit Unterlagen über die heimische Produktion von Blasinstrumenten.

Spazierwege und Bergtouren

Auf den M. Castellaccio, 900 m, über Quarna Sopra, ca. 45 Min. Auf die A. Berro, 1090 m, über A. Maggio, A. Ziccaro und Le Piane, ca. 2 Std. Auf die A. Camasca, 1230 m, über Quarna Sopra, A. Barca, A. Ruschini, ca. 1.30 Std. Nach Omegna, über Madonna del Pero, Quarna Sopra, Oratorio del Fontegno, Cireggio und Inselvi, ca. 1.45 Std.

QUARONA

Gde. (B 8), Prov. Vercelli, Einw.: 4.250, Höhe: 406 m, Postltz.: I-13017. **Auskunft:** Municipio (Gemeindeamt) Quarona. **Bahnstation:** Quarona.

Der Ort ist sehr alten Ursprungs, worauf auch der Ortsname hinweist, der seine Wurzeln im Keltischen hat. Er dehnt sich im unteren Valsesia auf der orographisch linken Seite des Sesia aus und liegt etwas oberhalb von Borgosesia. Der Ort besitzt einige Industriebetriebe und interessante Kunstwerke.

Sehenswert im Ort und in der Umgebung

Die **Pfarrkirche S. Antonio** (Anfang des 17. Jh.). Die **alte Pfarrkirche S. Giovanni al Monte**, ist eine Kirche sehr alten Ursprungs auf einem Hügel über der Ortschaft. Die kleine Kirche **Chiesa della Beata al Monte.** Das Kirchlein **Chiesetta della Beata al Piano** (wertvolle Fresken).

Spazierwege und Bergtouren

Zur Kirche S. Grato, Wanderweg, 1.30 Std. Nach S. Giovanni al Monte, 30 Min. Auf den M. Briasco, 1185 m, über S. Grato, weiter über S. Bernardo, A. Milanolo, Gallarotti und Sella Crosiggia, 979 m, ca. 2.30 Std.

RIMELLA

Gde. (A 5), Prov. Vercelli, Einw.: 315, Höhe: 1176 m, Postltz.: I-13020. **Auskunft:** Municipio (Gemeindeamt) Rimella. **Bahnstation:** Varallo (21 km).

Dieses Bergdorf breitet sich im Val Mastallone auf den sonnenbeschienenen Hängen auf der orographisch linken Seite des Talflusses aus. Die typischen Gebäude geben vereint mit den folkloristischen Elementen und den lokalen Bräuchen Einblick in die örtliche Geschichte. Rimella wurde, wie andere Orte des Gebietes, von eingewanderten Volksstämmen im 13. Jh. gegründet. Die Umgebung lädt zu Spaziergängen und Bergtouren ein.

Sehenswert im Ort

Die **Pfarrkirche S. Michele** aus dem 18. Jh. enthält interessante Kunstwerke.

Spazierwege und Bergtouren

Nach Campello Monti (oberes Valstrona), über Sella, A. Selle und Bocchetta di Campello, 1924 m, sowie A. del Vecchio, ca. 4 Std. Auf die Cima Altemberg, 2394 m, man folgt teilweise dem vorher beschriebenen Weg und zweigt nach der Bocchetta di Campello zur A. Calzino, A. Capezzone und zum Rifugio Adele Traglio ab, ca. 5 Std.

S. BERNARDINO VERBANO

Gde. (D 4), Prov. Verbania, Einw.: 1.127, Höhe: 225/1990 m, Postltz.: I-28804. **Auskunft:** Municipio (Gemeindeamt) S. Bernardino Verbano. **Bahnstation:** Verbania (6 km).

Die Fraktionen der Streugemeinde S. Bernardino Verbano breiten sich auf den Hügeln des Hinterlandes von Verbania an der Mündung des Val Grande aus. Die Gemeinde wurde Ende der Zwanzigerjahre unter Vereinigung der Ortschaften Santino, Bieno und Rovegro gebildet. Die Umgebung, die reich an grünen Almwiesen und Wäldern ist, bietet angenehme Spaziergänge und Wanderungen.

Sehenswert im Ort und in der Umgebung

Das **Zentrum von Bieno** mit hübschen Bauten, die eine klare ländliche Prägung aufweisen. Die **Pfarrkirche** aus dem 16. Jh. in Santino. Das **Oratorium „del Patrocinio della B.V. Maria»** (18. Jh.). Die **Pfarrkirche** in Rovegro aus dem 17. Jh.

Spazierwege und Bergtouren

Der Naturlehrpfad „L' uomo-albero». Nach Verbania, von Bieno an der Kirche S. Antonio vorbei zur Fraktion Cavandone, von dort über Monte Rosso, 582 m, zum Ziel, ca. 2.30

Std. Auf den Monte Castello, 785 m, von Rovegro, 1 Std. Zum Rifugio Fantoli, von Rovegro über Alpe Monte, dann zur Cappella di Erfo und weiter zum Ziel, ca. 2 Std.

SEPPIANA

Gde. (A 2), Prov. Verbania, Einw.: 190, Höhe: 557 m, Postltz.: I-28843. **Auskunft:** Municipio (Gemeindeamt) Seppiana. **Bahnstation:** Villadóssola (6 km).

Das Dörfchen Seppiana liegt an der Straße, die durch das Val d'Antrona führt.

Spazierwege und Bergtouren

Zur S. Giacomo-Kapelle (in der Nähe das Rif. Rondolini), über A. del Crotto, A. Albare, A. Baldana, ca. 3 Std. Nach Villadóssola, dem Weg auf halber Berghöhe folgend, ca. 1.30 Std.

STRESA

Gde. (D 6), Prov. Verbania, Einw.: 4.838, Höhe: 200 m, Postltz.: I-28838. **Auskunft:** Municipio (Gemeindeamt) Stresa. **Bahnstation:** Stresa. Busverbindungen. Schiffahrtslinien Lago Maggiore. **Bergbahnen:** Seilbahn Stresa-Alpino-Mottarone.

Stresa ist eine luxuriöse Stadt und Sitz zahlreicher nationaler und internationaler Kongresse. In der Stadt gibt es große, schöne Hotels, stolze Villen und herrliche Garten- und Parkanlagen. Der Ort ist Ziel vieler Touristen und wird hauptsächlich von Ausländern gern besucht und als Ferienort erwählt. Die Stadt bietet sportliche und mondäne Attraktionen, die zu ihrem Ruhm beigetragen haben.

Sehenswert im Ort und in der Umgebung

Die Inseln **Isole Borromee**: mit dem Boot zur **Isola Bella** (das ist die bekannteste Insel mit dem **Palazzo Borromeo** und einem herrlichen Park mit Zedern, Orangenbäumen, Magnolien, Kamelien usw.). Zur **Isola dei Pescatori** (reizender Ort mit vielen engen Gässchen). Zur **Isola Madre** (herrliche Parkanlage mit exotischen Pflanzen). Die **Seepromenade**, die von Hotels und Villen gesäumt ist. Die Promenade gestattet ebenso schöne Ausblicke und bietet eine reiche mittelländische Vegetation. **Piazza Marconi**: hier befindet sich der Landungssteg, sowie auch die neuklassische **Pfarrkirche** aus dem 18. Jh. **Villa Ducale**, Ende 1700; hier starb der Philosoph Antonio Rosmini. **Villa Pallavicino**, 500 m von Stresa entfernt an der Staatsstraße Nr. 33, die zum Simplonpass führt. Dort gibt es auch einen schönen Park mit einem zoologischen Garten. In Alpino, 800 m, der **botanische Garten «Giardino Alpinia»**. **Mottarone**, 1491 m, ist mit Kfz. oder auch mit der Seilbahn zu erreichen. In der Zeit von Dezember bis März wird hier Skisport betrieben; man genießt eine wunderbare Aussicht auf die Alpen, die Voralpen, die Seen und die Niederungen Oberitaliens. **Baveno** ist ein ruhiger, aber bekannter Ferienort und wird besonders im Frühjahr von den Fremden gern besucht; große Hotels und Villen, darunter die majestätische **Villa Branca**. Der Ort ist auch wegen seiner Granitbrüche bekannt, die sich oberhalb des Ortes wie Risse ausnehmen. **Belgirate**, Ort am See, und die **romanische Kirche**, 10 Min. Gehzeit von der Ortsmitte entfernt. In **Gignese** das **Museo dell'ombrello e del parasole**, das über 1000 Stück Sonnen- und Regenschirme und Schirmgriffe enthält und die Entwicklung der Mode zeigt, die seit dem 19. Jh. diese Accessoires beeinflusst hat.

TRONTANO

Gde. (B 1), Prov. Verbania, Einw.: 1.704, Höhe: 520 m, Postltz.: I-28859. **Auskunft:** Municipio (Gemeindeamt) Trontano. **Bahnstation:** Trontano.

Der Ort liegt am Eingang ins Vigezzotal auf einer Anhöhe, von der man die Toceniederung übersehen kann. Seine Umgebung ist von einer Weinrebenlandschaft geprägt. Nicht nur der bekannte «Prunentwein», der hier reift, sondern auch lokale gastronomische Spezialitäten (typische Käse- und Wurstsorten) werden von den Feinschmeckern sehr geschätzt und stellen einen weiteren Anziehungspunkt für Wanderungen und für Familienausflüge in der landschaftlich schönen Umgebung dar.

Sehenswert im Ort

Die **Kirche Natività di Maria Vergine** (Mariä Geburt), im 16. Jh. erneuert, mit einer wertvollen romanischen Fassade. Im Inneren sind Überreste romanischer Wandmalereien sichtbar. Der Zubau des **Oratoriums S. Maria** enthält wertvolle Fresken von Borgnis. Die **Casa forte** ist der Rest einer alten, ehemaligen Burg.

Spazierwege und Bergtouren

Der Naturlehrpfad «Lungo il filo di una traccia». Zur Testa di Menta, 2204 m, Wanderweg über A. Gambacorta, A. di Nava, A. Rina, Passo della Rolà, 2020 m, von dort Aufstieg zum Ziel, ca. 6/7 Std. Zum M. Togano, 2301 m, Wanderweg über Parpinasca, A. Campo, Sassoledo, A. Roi, A. Miucca, Aufstieg zur A. Fornale, Passo Biordo, 2061 m, ca. 7 Std.

VALDUGGIA

Gde. (B 9), Prov. Vercelli, Einw.: 2.730, Höhe: 390 m, Postltz.: I-13018. **Auskunft:** Municipio (Gemeindeamt) Valduggia. **Bahnstation:** Borgosesia (4 km).

Dieser wichtige Ort im unteren Valsesia – von diesem war er früher einmal der Hauptort – liegt in einem Becken, das von mehreren Wasserläufen durchflossen wird, etwa dem Stronello und dem Strona. Die Ortschaft weist einige Gewerbebetriebe auf und ist auch von touristischem und künstlerischem Interesse.

Sehenswert im Ort

Die **Pfarrkirche S. Giorgio**, gotisch, wurde in der ersten Hälfte des 16. Jh. umgebaut. Im Inneren einige interessante Werke. Das angrenzende freskengeschmückte **Oratorium.** Das **Denkmal an G. Argenti** auf dem Piazza Vecchia, der auf das 16. Jh. zurückgeht. Der **Palazzo Municipale** (Rathaus) mit Wappen an der Fassade.

Bergtour

Auf den M. Tre Croci, 672 m, über Orbruncio, Rasco, Lanfranchini und Mazzucco, 707 m, ca. 2.30 Std.

VALSTRONA

Gde. (B/C 5), Prov. Verbania, Einw.: 1.285, Höhe: 475/2421 m, Postltz.: I-28897. **Auskunft:** Municipio (Gemeindeamt) Valstrona. **Bahnstation:** Omegna (7 km).

Die Fraktionen dieser Gemeinde liegen auf den Südhängen des M. Massone, 2161 m, auf der orographisch linken Seite des Strona. Einige Ortschaften bilden eine gute Ausgangsbasis für Wanderungen auf die umliegenden Erhebungen. Die Gegend ist auch wegen zahlreicher Naturhöhlen interessant: die bedeutendste ist die Grotta Sambughetto.

Sehenswert im Ort

Die **Pfarrkirche** von Luzzogno ist dem Hl. Jakob geweiht (1400 - 1500 ca.). In Forno das **Museo di arte sacra** (Museum für sakrale Kunst) und das **Museo dell'Artigianato** (Handwerksmuseum).

Spazierwege und Bergtouren

Auf die A. Bagnone, 1196 m, von Luzzogno über A. Vecchia, ca. 2.30 Std. Auf den M. Massone, 2161 m, von Inuggio nach A. Fieno Secco, ca. 4.30 Std. Zum Poggio Croce, 1765 m, von Chesio über A. Costavoga und M. Cerano, 1242 m, ca. 4 Std. Zum Rifugio Gravellona Toce, man folgt teilweise dem Weg zum M. Massone (siehe oben), und zweigt dann zur A. Nuova ab, überschreitet die Bocchetta, 1904 m, und steigt dann zum Ziel ab, insgesamt ca. 5/6 Std.

VARALLO

Gde. (B 7), Prov. Vercelli, Einw.: 7.655, Höhe: 450 m, Postltz.: I-13019. **Auskunft:** Turismo Valsesia Vercelli (Verkehrsamt) Tel. 016 351280 - Fax 016 353091, Varallo. **Bahnstation:** Varallo.

Varallo, seit jeher das Zentrum des Valsesia, liegt am Zusammenfluss des Mastallone mit dem Sesia. Dieser geschätzte und vielbesuchte Fremdenverkehrsort ist ein lebhaftes Städtchen, ein Gewerbe- sowie Verwaltungszentrum und ein Anziehungspunkt das Tales schlechthin. Der Ort wird vom Sacro Monte überragt, der von bedeutendem künstlerischem und landschaftlichem Interesse ist. Früher wurde der Ort Varale genannt und scheint schon in kaiserlichen Urkunden der ersten Hälfte des 11. Jh. auf.
Ein Jahrhundert später wurde Varallo zum Mittelpunkt der Gemeinschaft von Valsesia. So blieb es trotz der oft wechselnden Herrschaften und Signorien bis heute.

Sehenswert im Ort und in der Umgebung

Die **Kollegiatskirche S. Gaudenzio** entstand im 18. Jh. aus einem früheren Kultgebäude (13. Jh.). Im Inneren befinden sich bedeutende Kunstwerke. Die **Kirche S. Marco**, ursprünglich romanisch, wurde mehrmals umgearbeitet. Die **Brücke** über den Mastallone aus dem 19. Jh. Die **Kirche S. Maria delle Grazie** (15. - 16. Jh.). Der **Sacro Monte** ist eines der bekanntesten Werke dieser Art der religiösen Baukunst in Italien. Die Anlage entstand Ende des 15. Jh. und besteht aus der **Basilika dell'Assunta** und aus **44 Kapellen.** Die **Cappella della Madonna di Loreto** (1500 ca.) an der Straße nach Civiasco.

Spazierwerge und Bergtouren

Auf den Sacro Monte, 20 Min. Auf den M. Quarone, 1221 m, von Proia über A. Falconera, A. di Crosa, A. Volpera, Ronchi und A. Tegna, ca. 2.30 Std. Auf die Cima di Vaso, 1342 m, von Arboerio (bis dort mit dem Auto) über A. Sella und A. Piano, ca. 2 Std. Auf den Bec d'Ovaga, von Crevola Sesia über A. la Valle, A. Casavei, A. Narpone und Sella di Tagliane, ca. 5 Std.

VERBANIA

Gde. (D 5), Hauptort der Provinz Verbano-Cúsio-Ossola, Einw.: 30.307, Höhe: 193/693 m, Postltz.: I-28992. **Auskunft:** Associazione Turistica Pro Loco (Verkehrsamt) Verbania. **Bahnstation:** Verbania-Pallanza. Busverbindungen, Boote und Fähren, Schiffsverbindung mit Laveno (Lombardei).

Die Fraktionen der Streugemeinde Verbania (Gemeindesitz in Pallanza) sind in einem der malerischsten Winkel des Piemonteser Küstenstreifens des Lago Maggiore verstreut. Der Ort mit seiner ausgezeichneten Lage weist ein äußerst günstiges Klima auf und ist daher Kur- und Aufenthaltsort das ganze Jahr über. Auf dem Gemeindegebiet gibt es eine große Anzahl von Villen und herrschaftlichen Gebäuden schöner Bauart. Einst war er eine römische Siedlung, kam im Mittelalter abwechselnd zum Hause Novaresi, Visconti, Spagnoli und Savoyen.

Sehenswert im Ort und in der Umgebung

Villa Taranto: Gärten mit wunderschön blühenden seltenen und wertvollen Pflanzenarten, die einen bedeutenden Anziehungspunkt darstellen. **Pallanza**, mit der «Chiesa della Madonna di Campagna»; die Kuppel ist von Bramante. Das **«Museo del Paesaggio»** (Landschaftsmuseum), in dem Werke des Bildhauers Troubetzkoy ausgestellt sind. **Suna**, südlich von Pallanza, ist eine ruhige Ortschaft mit mildem Klima und der **Kirche «dei Santi Fabiano e Sebastiano»**. **Intra** ist wegen des Samstagmarktes sehr bekannt; in Intra steht außerdem die **Basilika di San Vittore** und der **Palazzo De Lorenzi**.

VIGANELLA

Gde. (A 2), Prov. Verbania, Einw.: 200, Höhe: 582 m, Postltz.: I-28841. **Auskunft:** Municipio (Gemeindeamt) Viganella. **Bahnstation:** Villadóssola (8 km).

Die kleine Ortschaft im Val d'Antrona hat vor allem für Wanderer und Alpinisten Bedeutung.

Spazierwege und Bergtouren

S. auch KOMPASS-Wanderkarte Nr. 89 «Domodóssola». Zur S. Giacomo-Kapelle (in der Nähe das Rif. Rondolini), Wanderweg bis zur A. La Piana, dann nach links zum Ziel, ca. 4 Std. Zur Alpe Cavallo mit Besichtigung der zwei antiken Ortsteile Bordo und Cheggio.

VILLADOSSÓLA

Gde. (B 2), Prov. Verbania, Einw.: 7.108, Höhe: 257 m, Postltz.: I-28844. **Auskunft:** Municipio (Gemeindeamt) Villadóssola. **Bahnstation:** Villadóssola.

Dort, wo das Val d'Antrona in die Schwemmebene des Toceflusses einmündet, liegt Villadóssola. Das Dorf teilt sich in die Viertel Villa Vecchia (einst «antica Villa») und Villa Nuova und liegt am Fuße des Moncucco am Ufer des Ovescabaches. Das heutige Zentrum, das sich im ehemals unbewohnbaren Schwemmland entwickelte, verdankt seine derzeitige Bedeutung der frühen Industrialisierung im 19. und 20. Jh. Villadóssola hat historisch gesehen dasselbe Schicksal erlitten wie die anderen Ortschaften des Ossolatales; die Eisenverarbeitungsindustrie blühte im Val d'Antrona bereits seit 1200. Heute ist der Ort das bedeutendste Industriezentrum des Ossolaraumes und eines der wichtigsten der Provinz Verbano-Cùsio-Ossola. Die Umgebung bietet zahlreiche Wandermöglichkeiten.

Sehenswert im Ort und in der Umgebung

Die **alte Pfarrkirche S. Bartolomeo** gilt als eines der bedeutendsten romanischen Baudenkmäler im Ossolatal. Das aus dem 10. Jh. stammende Gebäude wird von einem ebenfalls romanischen **Glockenturm** flankiert, der auf das 11. Jh. zurückgeht. Bemerkenswert ist die Holzskulptur auf dem Hochaltar (16. Jh.). Die **neue Pfarrkirche** im Zentrum des Dorfes mit einem wertvollen Kreuz (16. Jh.). Die romanische **Kirche S. Maria Assunta** in Piaggio; sie geht auf das 11. Jh. zurück und wurde auf den Überresten eines alten Sakralbaus (8. Jh.), der durch die häufigen Überschwemmungen verschüttet worden war, erbaut. Die **Pfarrkirche** in Noga ist ein Barockbau aus dem 17.-18. Jh. Die Überreste der **Kirche S. Maurizio**, die im 11. Jh. erbaut und im 17. Jh. erneuert wurde. Die Fraktionen **Noga** und **Casa dei Conti** sind antike Siedlungen mit wertvollen Beispielen ortsgebundener und doch individueller Architektur (12.-17. Jh.).

Spazierwege und Bergtouren

Nach Tappia, 637 m, Wanderweg von Murata über Valpiana, ca. 1 Std. Auf den Moncucco, 1896 m: man folgt zum Teil dem vorhin beschriebenen Weg; dann weiter über

Campaccio, Colle dei Raffi, Casaravera, insgesamt ca. 5 Std. Auf den Moncucco, 1896 m, über den Colle del Pianino, 1620 m; Wanderweg von Daronzo über Sogno, La Colma, A. Boccarelli, Alpi Sogno, Colle del Pianino, ca. 6/7 Std. Zur S. Giacomo-Kapelle (in der Nähe das Rif. Rondolini), Wanderweg über A. Corticcio, A. Vancone, A. Baldana, ca. 3.30 Std. Nach Domodóssola, Wanderweg über Tappia, Colle dei Raffi, Alpe Lusentino, Andosso, Vanga, ca. 8 Std. Nach Domodóssola auf dem Wanderweg über Tappia, Anzuno, Cruppi, Calvario, 4.30 Std.

VOGOGNA

Gde. (B 3), Prov. Verbania, Einw.: 1.760, Höhe: 226 m, Postltz.: I-28805. **Auskunft:** Ufficio Turistico (Fremdenverkehrsbüro) im Gemeindeamt Vogogna. **Bahnstation:** Vogogna.

Der mittelalterliche Ort Vogogna, der zwischen dem Toce-Fluss und dem Nationalpark Val Grande im Gebiet Ossola Inferiore eingebettet liegt, ist ein beliebtes Ziel für einen «Ausflug durch die Jahrhunderte». Um die militärischen Befestigungsanlagen herum (zuerst Rocca di Vogogna, dann Castello Visconteo) entwickelte sich ein blühender Ort, ein Handelszentrum an der antiken Simplonstraße. Von der Gemeinde Vogogna gehen zahlreiche Wanderwege aus.

Sehenswert im Ort

Von der Vergangenheit des Ortes, die reich an Kulturgeschehen ist, zeugen die Werke, die in Vogogna und den Ortsteilen Genestredo und Dresio verwahrt werden. Der **Mascherone celtico** (keltische Maske) aus Steingut stellt eine keltische Gottheit dar. **Palazzo Pretorio**, der 1348 auf Wunsch von Giovanni Maria Visconti erbaut wurde, war Mittelpunkt des politischen und administrativen Lebens des Ortes, bis das Gemeindeamt 1979 verlegt wurde. Heute finden im Palazzo Pretorio internationale Ausstellungen und Seminare statt. Um das kleine Palais herum erheben sich einige Gebäude von besonderer Schönheit, wie die alte **Kirche S. Marta**, in der die Statue der Schmerzensmutter aus dem 16. Jh. steht. Daneben liegt **Villa Biraghi Lossetti Vietti Violi**, die durch einen eleganten Bogengang mit der Kirche verbunden ist: Francesco Lossetti ließ sie 1650 erbauen. In einem Teil der Villa sind heute öffentliche Einrichtungen untergebracht, wie das Amt für Klein- und Mittelbetriebe, das Fremdenverkehrsbüro der Gemeinde und die Kulturvereinigung Ossola Inferiore. Wenn wir die Treppe hochsteigen, die von Palazzo Pretorio emporführt, gelangen wir zum majestätischen halbkreisförmigen Turm, bei dem der Gebäudekomplex des **Castello Visconteo** beginnt. Das Castello wurde gleichzeitig mit dem Palazzo Pretorio von Giovanni Visconti, Bischof von Novara, zur Stärkung der Verteidigungsanlage gegen die Einfälle der Walliser erbaut. Im Castello Visconteo, das umstrukturiert und 1998 erneut der Öffentlichkeit zugänglich gemacht wurde, finden historische und naturkundliche Ausstellungen statt. Es soll in Zukunft als multimediales Zentrum dienen. Das jüngst eingerichtete Internationale Zentrum für Gesundheit-Kunst-Umwelt im **Palazzo Arcangeli** in der Via Roma.

Spazierwege und Bergtouren

Auf die A. Sui, 1220 m, über Genestredo, A. Pianoni, ca. 3 Std. Weiter auf die Cima delle Pecore, 2018 m, über die A. Corone, A. Ludo Termine und A. Ludo Alboc, insgesamt ca. 8 Std. Nach Premosello Chiovenda, entlang der Toceniederung, ca. 30 Min. Zum Lago di Ravinella, 2000 m, von Rumianca (bis dort mit dem Auto) über Agalit, il Motto, Bongiol und La Balma, ca. 6 Std. Zur Alpe Marona, 3 Std. Zur Alpe Capraga, 3.30 Std. Der Weg «Passeggiata delle Sette Chiese». Naturlehrpfad «Il respiro della storia». Informationen erteilt das Ufficio Turistico (Fremdenverkehrsbüro) der Gemeinde Vogogna.

Alpines Notsignal: Sechsmal innerhalb einer Minute in regelmäßigen Zeitabständen ein sichtbares oder hörbares Zeichnen geben und hierauf eine Pause von einer
Minute eintreten lassen. Das gleiche wird wiederholt, bis Antwort erfolgt.

Antwort: Innerhalb einer Minute wird dreimal in regelmäßigen Zeitabständen ein
sichtbares oder hörbares Zeichnen gegeben.

Titelbild Karte: Omegna, Lago d'Orta (Lara Pessina)
Text: Dr. Giuliano Valdes
Deutsche Bearbeitung: Mag. Thomas Pöhl

Verlagsnummer: 97 · Auflage: 07.07b
ISBN 3-85491-303-6

© **KOMPASS-Karten GmbH**
Kaplanstraße 2, 6063 Rum/Innsbruck, Österreich
Fax 0043 (0) 512/26 55 61-8
kompass@kompass.at
www.kompass.at